想著想著，
目標突然就實現了

權衡利弊 × 分析癥結點 × 批判性思考

別只煩惱今天吃什麼、明天穿什麼，
你的腦袋應該想點更有用的！

科技日新月異，而你只懂腳踏實地？

書讀得再多，如果不懂得活用，等於書白讀、學費白繳！

你還在羨慕別人生活有目標、年紀輕輕就存第一桶金？

學會如何正確思考，其實你也可以！

想要盡快實現夢想，別以為只是妄想！

王郁陽
竭寶峰 著

目 錄

目錄

目錄

目錄 ——————————————————

總序

追求卓越人生是學生求學立志的基礎，渴望成功是學生奮發有為的強大動力。因為，成功意味著生活的富足與健康，成功代表著人生的幸福與快樂。儘管生活從來不會盡如人意，人生始終都是競賽般的艱辛，但成功的夢想，從人生開始的那一刻，就在我們每個人的心裡蓄勢待發。

實現人生的成功，可以有無數種選擇，可以有無數條路徑，但都離不開人生的智慧。你可以勇敢地去追求，若是缺少了智慧，就只是在不切實際的付出。你也可以不停地奮鬥，若是沒有智慧的支撐，就只能在無休止的煩惱中埋葬最初的熱情。

人生的智慧在於對生命的思考，而成功的人生在於讓智慧發光。

成功人生的大智慧，是生活的哲理、處世的藝術、立身的學問、生存的技巧，更是一把開啟成功之門的金鑰匙。

人生是個萬花筒，每個人都以自己的方式，表現出獨具個性的色彩與姿態。如果缺少了智慧，就會使自己的人生黯然失色。我們一次不理智的拖延，可能會錯過春天的季節；我們一次不留神的衝動，可能會使未成熟的果實夭折；我們一次不聰明的放棄，可能會失去與成功牽手的機會。因此，

總序

感悟成功人生的經驗，激發自我的智慧能量，可以使我們的人生少走些彎路，少犯些錯誤，更快與陽光擁抱，與成功交會。

人生的智慧豐富多彩，成功的方法各式各樣。如果你想掌握未來的人生，那麼善於學習、善於思索，就會裨益多多。本書將精彩的人生哲理、實用的人生途徑、最有說服力的人生經驗盡收囊中，目的就是啟發年輕人對人生的思索，引發讀者對生活的感悟，讓讀者在智慧的海洋中，找到自己的成功之路。

學生時期，是人生的黃金時期。本書是專為學生讀者量身訂製。它集中展示了成功人生智慧的精華，濃縮了專家學者近年來對生命價值和人生意義的主要研究成果，逐一介紹了適合學生讀者的人生奮鬥方向，概括了鮮活靈動的人生成功要義，創新地總結了卓越人生的成功方法。可以說是一部極具啟迪意義和極富可讀性的成功勵志讀物。編寫本書的目的只有一個：希望每個人的生活有品味，希望每個人的人生如花朵般的幸福，如詩一樣美麗。人生不可缺少智慧，智慧創造新的人生。願以此書與學生讀者朋友共勉。

第一章
時代呼喚智慧的頭腦

第一章　時代呼喚智慧的頭腦

知識經濟時代召喚「頭腦強人」

正向人類走來的知識經濟時代，是一個全新的時代。伴隨著潛在利潤的誘惑，新社會階層的出現與舊社會階層的逐步消亡，每一個國家、民族、企業和個人都必須適應時代的變遷和需要，調整自己，響應新時代的召喚。

知識經濟時代召喚新一代的潛在利潤發現者和實現者，使社會在邁向更加豐裕的進程中拓展更為廣闊的人類生存空間。

在知識經濟時代，一系列高科技產業將得到突飛猛進的發展，特別是在資訊科學、生命科學、新材料與新能源、環境保護、空間研究與海洋開發、基礎科學研究等領域取得重大進展。

隨著微電子、光電子技術和奈米電子學的進步，衛星通信、遙測和全球定位系統、寬頻帶高速數字綜合網路、資訊壓縮與高速傳輸、人工智慧、多媒體技術和虛擬現代技術等資訊科技前端的發展，21 世紀的生產過程、消費和生活方式，以及經濟、社會和國家安全都會產生革命性變化。資訊產業將成為全球經濟中最具活力、規模最為宏大的產業。資訊將成為知識經濟社會中最為重要的資源和競爭要素。資訊產業發展帶來的潛在利潤是如此巨大，是任何一個追逐利潤者所不能忽視的。

　　在基礎科學與生命科學領域取得重要進展的時代，知識經濟也就擁有了另一個潛在利潤的重要來源，呼喚新的發展者和開拓者。在 21 世紀，科學將從分化、深入，繼續走向交叉、綜合、統一，從簡單走向複雜；人們對物質相互作用和運動規律的研究，將從常規條件走向極端的非常規條件；對新物質、新物種的研製將從一般的化學反應、生物過程，發展到有效的結構設計、分子剪裁和修飾，以基因工程、分子工程的方法，獲取預想的特定功能乃至生命性狀；憑藉人類的創造性邏輯和智慧，數學科學將繼續在抽象的理性思維王國遨遊。基礎科學作為科學的基礎，將更加廣泛地向科學工程技術乃至向經濟和社會的各個領域滲透。目前，基因的分離、擴增、重組以及體細胞的克隆技術都已實現，某些蛋白質的結構和功能已經探明，細胞膜內外物質和訊息傳遞的部分機制、微生物光合作用的基礎機制已為人們所了解。科學家們已從單個基因的順序轉到有計劃、大規模地對人類、水稻等重要生物體的全基因圖譜測序和詮釋。對人腦和神經系統發育、工作機制的深入研究和突破，將揭開人類認知過程的奧祕。認知科學、生物電子學的發展，可能使資訊科技與人類教育科學產生新的革命。基礎科學與生命科學的大發展需要新一代的知識資本家和知識資本營運家來發現潛在利潤並實現產品化。

第一章　時代呼喚智慧的頭腦

　　知識經濟時代召喚新型的知識資本所有者，使社會資產的結構和組織內容產生變革，以適應新世紀對人類的挑戰，要求變革傳統的產權關係和所有制內容，使知識產權和知識資本成為新型產權關係和資本營運的重要物質基礎。

　　產權是一種財產權，是支配一項事物的權利，產權內涵包括占有權、經營權、處置權和收益權，這四權缺一不可，相互連繫。對產權的終極所有者而言，收益最為重要，如果收益不能得到有效保障，所有權則處於虛設地位，產權是透過社會強制而實現的對某種經濟物品的多種用途進行選擇的權利。知識產權是智力成果所有人對創造性智力行動依法享有的權利，它本質上是一種特定主體所依法專有的財產權，是一種特殊的無形財產權，也是一種私有權。

　　邱吉爾曾說過這樣一句話：「未來的帝國是頭腦的帝國」。1998 年 7 月 7 日，《參考消息》刊登了題為〈韓國提出建設「頭腦強國」〉的文章，文中講道：「……2 月 10 日，即將就任總統的金大中在韓國科學技術研究院的一次紀念大會上說，世界正在向科技資訊時代邁進，為了使韓國成為 21 世紀的先進國家，確保先進的科學技術是最緊迫的課題之一。今年 3 月 5 日，他為《每日經濟》報創刊 32 週年的題詞是『頭腦強國』四個字。4 月 21 日他在出席新設計展覽會的開幕式時說：21 世紀是文化和經濟融為一體的時代，只有

『頭腦強國』才能支配世界……」。

1990 年代起，國外一些大企業已經出現了「知識經理」、「首席知識官 (CKO)」和「知識管理顧問」等職務，其主要任務是充分挖掘和利用企業的知識資源、智力資源，使之成為企業競爭的優勢。重視學習、重視教育、重視創新，這是知識經濟的首要特徵。學習將成為個人或組織發展的有效手段，只有學習型的個人或組織才具有持續性的優勢。

全球已步入「知識經濟」的時代，在未來的社會中，誰掌握知識，誰擁有強而有力的頭腦 —— 更強的記憶力、判斷力、預測力、創造力和解決問題的能力等，誰就擁有這個世界！

一切的競爭都是腦力的競爭

這是一個競爭的時代，一個激勵人心但又壓得人喘不過氣來的時代。如果想在這個時代站穩腳跟，想有所作為，想無愧於時代，你就必須鼓足勇氣，頑強不屈地奮鬥。但是僅僅靠吃苦、蠻幹，你不可能站到時代前端，而智慧在這個時代才是最具競爭力的資本。你已經耳聞目睹許許多多成功的個人和成功的企業，是什麼使他們成功的呢？是勇氣、幹勁和智慧，一位世界級的億萬富翁曾說過：「你可以拿走我的所有家產，把我放到沙漠中。但只要有一個商隊經過，我就

第一章　時代呼喚智慧的頭腦

會成為百萬富翁。」我要告訴你的是，如果想成為富翁，必須具有富翁的頭腦和智慧，你首先應該是一個潛在的富翁。這樣，當機會來臨時，你就會敏銳地發現並抓住，變成一個大家都看得見的、顯見的富翁。

一切競爭最終都是腦力與智慧的競爭。電腦的更新換代表現為內存增大，處理速度提高，能夠更有效地處理複雜問題。人腦智慧的提高表現為記憶力成倍增強，反應力加快，創造力提高，能迅速有效地分析、判斷面對的問題，做出最有效的決策，從而最好地達到組織或個人的目標。

這是一個強調管理的時代。電腦、網路及資訊技術促進了當今時代革命性的變革，然而導致這些技術得以開發，並迅速應用於各行各業的原因則是企業的科學化管理。日本人就認為，美國管理專家戴明把全面品質管理的思想帶給日本後，日本企業高度重視，群起傚法，日本戰後經濟因此在較短的時間內實現了騰飛。其實，一般說來，管理並不限於企業之內，它是指個人或組織對某些事物的控制和處理，以便使事情能最有效地向個人或該組織所希望的方向發展。按照這一定義，我們每個人在生活中都是「經理」，區別在於有的人沒有明顯的、在名分上可以確定的雇員，而有的人則有。但不論哪個人，都是自己的經理。事實上，只有先當好自己的經理，才有可能成為一個公認出色的經理。每個人，

從生理到心理，都是一個複雜的「組織」，有諸多「員工」和「部門」。能否生活得更成功，取決於管理技能和水準。不過，應該充滿信心，因為管理技能是可以學習的。正像《第五項修煉》一書指出的，在現今飛速發展的時代，最有效的組織是學習型組織。不言而喻，最有效、最有可能成功的人，一定是不斷學習的人。

智慧能托起人的黃金之夢

　　智慧具有一股強大的魔力，尤其是在競爭日益激烈的資訊時代，智慧已成為新經濟中的「魔王」。當今的黃金夢，已由強力抗爭進入了智慧制勝的時代。

　　有位富翁曾對一名強盜說過一段發人深省的話：「你可以拿走我的汽車，搶走我的金錢，但是，只要留下我的腦袋，過不了多久，我就又會擁有這些了！而你呢？在把從我這裡搶光的錢揮霍掉之後，你就又一貧如洗了……」，那個強盜聽了，似有所悟，問富翁：「那是為什麼呢？」富翁說：「因為我擁有智慧。」

　　在資訊時代裡，依靠高智慧創造財富的人比比皆是，尤其是擁有知識的年輕人，這個時代給了他們前所未有的機會。

　　每一個年輕人都憧憬將來開創自己的事業，可是能從憧憬飛躍到現實的又有幾個呢？孫正義好比是這寥若晨星中的

第一章　時代呼喚智慧的頭腦

佼佼者。他飛躍的方法既獨特又平凡……1983 年，日本經濟界爆出了一個特大新聞：由一個毛頭小子創立的日本軟體庫以 3,300 多家代理店、1 萬多種經營品項、13 億日元的高額年利，摘取了日本電腦軟體流通業的桂冠。這位毛頭小子——27 歲的孫正義成為轟動一時的明星人物，被譽為日本企業界的神童。連日本經濟界的宿耆們也不得不刮目相看。

如此年輕的企業家是靠什麼起步的呢？他出身名門望族？不，他生於一個朝鮮血統的日本家庭。他家富萬鐘？不，他父親僅是個「上班族」。他是省吃儉用，積沙成塔，由小而大嗎？不，他年不過而立，從時間上來算，顯然毫無可能。那麼，究竟他起步的支柱源於何方呢？

1973 年，孫正義遠涉重洋，來到美國求學。他用了 3 個星期的時間完成了在日本未學完的高中學業。兩年後，他進了加利福尼亞大學柏克萊分校就讀經濟學。

孫正義刻苦地學習。嶄新的知識，使他浮想聯翩，經常靈機一動，一件件超凡脫俗的新事物便出現在他機敏的頭腦裡。與眾不同的是，他十分珍惜這些智慧的閃光，沒讓它們一閃即逝，而是一一用筆記下來，哪怕表面看來十分荒唐。其中甚至包括一種永遠不會沉沒的艦艇。

孫正義原來的願望就是從事經濟事業，這時他更憧憬成為世界一流的企業家。在這個夢想上，他同樣與眾不同，不

僅僅狂熱地編織未來美好的前景，而且還冷靜地分析研究實現的途徑。

　　他明白成為一個真正的企業家必須具備知識、資格和資金。前兩樣，自己正在或將要取得。而資金呢？除了父母每月寄來的一些生活費外，自己還別無收入。這點錢僅能維持自己的生活和學習，因此透過省吃儉用來積蓄辦企業所必須的資金是不切實際的。課餘時間去打工，其菲薄的收入也不過是杯水車薪而已。他連想也沒去想依賴父母取得資金這條路。像大多數同學一樣，畢業後再去考慮？那未免太晚了。人生的黃金年華有幾何？況且當前正值世界經濟的繁榮時期，賺錢相對容易，同時也是造就企業家的時代。幾年以後，如果遇上經濟蕭條，那就困難多了。怎麼辦呢？如何盡快地獲得資金這個惱人的問題日夜縈繞著還是個大學生的孫正義。

　　一次，他偶然看到了偉大的發明家愛迪生的生平事蹟。他為這位偉人所傾倒，激動不已。這次不僅如此，同時還深有感觸地陷入了沉思：青年時期的愛迪生起步之時，又何嘗有什麼資金呢？甚至比自己的起點更低，起碼自己現在受的是高等教育，這是愛迪生當年做夢也不敢想的啊！他能靠發明創造起步成為大企業家，自己為什麼不能呢？即使自己沒有愛迪生那樣天才的創造性，但只要抓住一點取得突破，也會獲得成功。

第一章　時代呼喚智慧的頭腦

　　怎麼正確地找準突破點呢？孫正義翻閱了專利目錄。發現某些專利的立足點與他平時記下的那些帶有幻想色彩的設想很相似，只是專利實際得多而已。他茅塞頓開，年輕的心興奮激動起來。對，把幻想色彩去掉，做實際的發明，爭取獲得專利，並設法賣掉，創業的資金不就有了嗎？

　　儘管激動、興奮，他仍沒有盲目地馬上投入研究發明，而是謹慎地確定了實施方案。

　　冬去春來，一年終於過去了。孫正義的筆記本上記下了250個新發明的設想，也記下了他辛勤耕耘的足跡。面對厚厚的發明筆記，他沒有因自己擁有眾多的小設想沾沾自喜而倉促行事，而是翻來覆去地考慮每一個設想的現實性，認真選擇突破點。

　　美國，是一個多民族多種族的國家，也是國際貿易的重要市場，同時還是國際政治活動的重要市場，各式各樣的語言在這裡彙集。語言不通造成的矛盾在這裡非常突出，身為外國人旅居求學的孫正義對此是深有體會。因此他從各式各樣的發明設想中選擇了一種帶有聲音合成裝置的電子翻譯機作突破口。

　　主攻經濟的孫正義並不是電子技術的行家，但是這樣一種涉及聲電技術的複雜發明並沒難倒他。他充分發揮了在大學學過的電子計算機的知識，同時查閱了大量的資料，巧妙

地請教了一些這方面的專家後，終於完成了這種新設備的整體構思和可行性分析。

光有整體構思還不行，還要有具體的設計圖才能試製樣機。孫正義清醒地認知到，僅靠自己的能力和財力是無法做到的。能力和財力之間，財力是主要關鍵，如果有雄厚的財力支持，便可以聘請各種人力發揮「兵團作戰」的優勢。在這種情況下，明智的做法是尋找一個大企業做合作夥伴，自己出技術，對方出資金共同研製，然後共享成果的效益。孫正義正是這樣做的，他決定選擇日本夏普公司為合作夥伴。因為日本畢竟是他的祖國，撇開感情因素，日本各方面的情況他也熟悉得多，方便打交道。再者夏普公司是日本電子行業數一數二的大公司，它勇於冒風險在新領域內開拓的精神是舉世聞名的。1960 年代，它利用美國的技術，加上自身的優勢，全力開發小型電子計算機，在該領域內獨領風騷的奮鬥精神，連美國人也自嘆不如。

孫正義滿懷希望地給夏普公司寫了一封信，說明自己的狀況，並要求會見公司主管，誰知慘遭拒絕。他沒有氣餒，堅信自己的選擇是正確的。那麼對方為什麼對這麼一件雙方都有利可圖的合作會拒絕呢？當他站在對方的角度，設身處地地為對方考慮時，不由得自我嘲笑起來，一個 20 歲不到的毛頭小子，就憑他自己說有一項重大發明，居然要求會見堂

第一章　時代呼喚智慧的頭腦

堂夏普公司的主管？

　　其後的一段時間裡，他帶著自己的構思和可行性分析，固執而雄辯地說服夏普公司的各級職員和主管。終於公司和他簽訂了相關協議。根據協議，他在美國應徵了一批各方面的優秀人才，建立了一家公司，其任務就是將孫正義的發明設想變成現實。

　　孫正義無資金的白手起步成功了，當時他僅是個大學生。在以後的日子裡，他因這項發明獲得了 1 億日元，為更高的發展打下了資金和實踐經驗的基礎。

智慧是人生事業成功的奠基石

　　智慧是一種取之不盡，用之不完的獨特資源。這種資源一旦應用到人生或者事業中，就可以轉化為創造價值的資本形態。與有形的物質資本不同，智力資本是一種可以再生的、反覆利用的無形資本。

　　長久以來，西方經濟人士就明確指出智力資本和智力價值的意義。企業家都明確指出：「現有的資本應該包含著知識、技術、智慧與發明，而不僅僅是金錢，這種與物質形態不同的資本價值是無法衡量的。」這種認知被以後的許多成功人士所驗證。

　　人生充滿了智慧，必定在很多方面與眾不同，並能走出

一條獨闢蹊徑的成功之路。

　　胡文虎是一位傳奇式的以智慧經營聞名的華僑企業家。

　　胡文虎祖籍為現在的福建永定縣，是客家人。所謂客家人，是原來中原地區的漢人因避戰亂南遷或被驅逐至現在的江西、福建、廣東、廣西一帶落戶的人。客家人「駿馬奔程書遠方，日久他鄉即故鄉」。胡文虎父親叫鬍子欽，原為中醫，在家鄉開診所行「治病救人」之道，後因清政府日益腐敗衰亡，家境困窘，自覺發展無望，遂於 1862 年漂洋過海，來到仰光謀生。

　　鬍子欽在仰光開了一家小小的中藥鋪，取名永安堂，他一邊經營中草藥，一邊行醫。由於鬍子欽醫術高明，藥物靈驗，加之待人誠懇，老小無欺，一視同仁，他頗受緬甸華僑的敬重。鬍子欽娶了當地一個潮州籍華僑的女兒為妻，安家立業。鬍子欽生有 3 個兒子：文龍、文虎、文豹。文龍幼時夭折，文豹沉靜寬厚，只有文虎生性好動，常與當地頑童打架鬥毆。後因怕父母責罵，常常晚上不敢回家，就在藥店旁賣肉的攤子裡過夜。在胡文虎 10 歲時，父親把他送回永定家鄉讀書，可讀了 4 年，並沒有多大長進。可見當時的舊式私塾教育是何等陳腐，何等誤人子弟。於是鬍子欽又把他接回仰光，留在身邊學醫。胡文虎才智過人，又勤奮肯學，進步很快。

第一章　時代呼喚智慧的頭腦

1907 年，胡文虎 24 歲，弟弟胡文豹 22 歲，兄弟倆娶客家籍華僑鄭氏姐妹為妻，於是兄弟倆又成了連襟，鄭氏兩姐妹也成了妯娌，彼此關係不錯，感情很好。1908 年，鬍子欽去世，留下的永安堂由於經營不善，景況日下。母親李氏把振興家業的希望寄託在兩個兒子身上，將僅有的 2,000 元儲蓄拿出來，由兩個兒子持家管理。兄弟倆合計之後，確定由活潑好動的胡文虎到香港來回辦貨，胡文豹則在仰光經營店鋪。文虎腦筋靈活，文豹誠實勤勞，兩人配合很好。從此，永安堂藥店有了很大的轉機。

當年鬍子欽由永定去仰光時，曾從國內帶去一種名為「玉樹神散」的中草藥成藥，這種藥能提神解暑，止痛止癢，因為南洋一帶靠近赤道，氣溫高，陽光直射時間長，居民容易中暑、頭暈、疲乏，加之蚊蟲又多，一經叮咬，即癢不可止，因此「玉樹神散」頗受當地居民歡迎。胡文虎根據自己多年累積的經驗，以「玉樹神散」為基礎，用科學方法加以改良，研製成一種新藥，它既可內服，又能外搽，並用老虎圖案作為招牌，稱為虎標萬金油。同時胡文虎還聘請醫藥人員，蒐集中國和緬甸的古方，研製成藥丸、藥粉、藥水，分別取名為八卦丹、頭痛粉、止痛散和清快水，加上萬金油成為虎標五大良藥。這些藥含有阿司匹林成分，能止痛止癢，解暑提神，頗為靈驗，很受患者的歡迎。

　　胡文虎製成萬金油時，在當時的東南亞和中國市場已出現了同類的藥物。比如「至寶丹」、「如意膏」等，特別是佛標二天油，暢銷全國各地。虎標萬金油一問世，即遇到了強有力的競爭對手。為在商品競爭中取勝，胡文虎審時度勢，常出新招。

　　首先，胡文虎意識到，萬金油最大的特點就是應急診治多種疾病的速效藥，並非是為專治某種疾病，因此他從薄利多銷、攜帶方便和人人都買得起著眼，改變了劑型。起初在仰光生產的萬金油，是散裝流質的，每瓶 1 元；後來改為小瓶，再改為鐵盒裝軟膏，每盒 1 角。鐵盒形體只有鈕扣般大，價格又便宜，因此很受顧客，尤其是底層勞動人民的歡迎。

　　當時，西方國家的營銷術正在逐漸形成與發展，廣告宣傳的作用為越來越多的商界人士了解並接受，並且影響到了亞洲的市場。廠商為了推銷其商品，或在通衢大道上豎起一個個高大的廣告牌，牌上描繪著商品的圖案、樣式、商標、特點，並且安上五顏六色的霓虹燈，以吸引行人；或在報上大做廣告，廣為宣傳。這些廣告雖有明顯的效果，但費用浩大，對於在創業路上剛起步的胡文虎來說，實在支付不起。起初，他只能提著藥箱在大路旁鋪下一塊白布，擺上幾種藥品，向過往行人宣傳，打開萬金油盒子，供人免費使用。由於確有藥效，買的人很多。同時，胡文虎還委託仰光各地藥

第一章　時代呼喚智慧的頭腦

店寄賣，但這種效果是極為有限的。胡文虎想，花費不大而能突破時空限制的廣告宣傳辦法，就是印製大張的招貼廣告，派人到各處張貼。胡文虎說做就坐，印製了許多廣告，自己也出動張貼，遇到位置高但地點顯眼的地方，他就請人當人梯，自己爬到人家的肩上，貼了一張又一張，經常累得滿頭大汗。仰光貼遍了，就到香港、新加坡、馬來西亞去貼，邊貼邊推銷，銷量大增。

虎標萬金油銷路打開後，胡文虎的永安堂藥店獲利越來越多，胡文虎也開始在大城市豎起裝有霓虹燈的大廣告牌，並在報上大登廣告。胡文虎還出高價買來幾隻剛被人打死的老虎，叫人把虎皮剝得乾淨，填充上乾草擺放在永安堂藥店大廳上，並用電燈泡充作老虎眼睛，使它不停閃爍，引起過往行人駐足觀看。老虎旁邊還寫有幾個大字：「虎標萬金油」。胡文虎利用這種「引起注意法」做廣告，確實取得了意想不到的效果。虎標萬金油銷量繼續大增。

胡文虎的虎標萬金油在緬甸取得了很大的成功，但他並沒有因此而滿足，他想：「緬甸經濟不發達，本身的市場不大，如果單在緬甸發展，前景自不會太好。」於是，1926 年雄心壯志的胡文虎把他的永安堂總行從仰光遷到新加坡，弟弟胡文豹仍留在仰光經營。新加坡是東南亞的交通樞紐，位置極為有利，不但是兵家必爭之地，也是商家必爭之地。當

時的新加坡是英國海峽殖民地的首府，商業繁盛，華人眾多。在新加坡，由於胡文虎經營有道，事業得到了迅猛發展。到 1929 年，胡文虎在新加坡的製藥總廠僱有職員 30 多人，工人 600 多人，日出萬金油 3 萬打 (1 打為 12 個)，八卦丹 1 萬打，頭痛散 2 萬打，清快水 2,000 多打，規模之大，在南洋首屈一指。

幾年之間，永安堂除仰光老行和新加坡總行外，在香港、曼谷、巴城、棉蘭、泗水等地設立了分行另外，胡文虎還在歐美的一些大城市設立了特約經銷部。一時間，虎標萬金油聞名全球。1930 年代中期，是永安堂成藥經營的鼎盛時期，虎標萬金油的年銷售量達 200 億盒。僅新加坡和仰光兩地的年營業額就達叻幣 (新加坡的貨幣)1,000 餘萬元，這在當時是相當大的一筆錢。

虎標萬金油進入了國際市場，胡文虎的永安堂業務大增，改標為虎豹兄弟有限公司。萬金油最初是黑色的，歐美人不太喜歡黑色，胡文虎及時注意到了這一點，立刻招集人力，研究、試驗，終於把黑色萬金油提製成白色和金黃色兩種，這樣便適合各種膚色的人使用，銷量自然是有增無減了，越發擴大市場。

現今商戰實質上是一場智力的比拚，謀略的鬥法。充滿智慧的頭腦將為所有創業者奠定成功大路的基石。

第一章　時代呼喚智慧的頭腦

聰慧的大腦是人前進的「推進器」

聰慧的大腦使人生擁有明確的目標，而目標則是人前進的「推進器」，是成功路上的「里程碑」。

當人給自己確定下目標之後，目標就在兩個方面產生作用：它是努力的依據，也是對人的鞭策。目標給人一個看得著的射擊靶。隨著人們努力實現這些目標，他就會有成就感。對許多人來說，制定和實現目標就像一場比賽，隨著時間推移，你實現一個又一個目標，這時人的思想方式和工作方式又會漸漸改變。

有一點很重要，目標必須是具體的，可以實現的。如果計畫不具體 —— 無法衡量是否實現了 —— 那會降低人的積極性。為什麼？因為向目標邁進是動力的泉源，如果無法知道自己向目標前進了多少，就會使人洩氣，甩手不做了。

拿破崙‧希爾舉個真實的例子，說明一個人若看不到自己的進步，就會有怎樣的結果。

1952 年 7 月 4 日清晨，加利福尼亞海岸籠罩在濃霧中。在海岸以西 21 英里的卡塔林納島上，一個 34 歲的女人涉水下到太平洋中，開始向加州海岸游過去。要是成功了，她就是第一個游過這個海峽的婦女，這名婦女叫費羅倫絲‧查德威克。在此之前，她是從英法兩邊海岸游過英吉利海峽的第一個婦女。

　　那天早晨，海水凍得她身體發麻，霧很大，她連護送她的船都幾乎看不到。時間一個鐘頭一個鐘頭過去，千千萬萬人在電視上看著。有幾次，鯊魚靠近了她，被人開槍嚇跑。她仍然在游。在以往這類渡海游泳中最大問題不是疲勞，而是刺骨的水溫。

　　15 個鐘頭之後，她又累又凍得發麻。她知道自己不能再游了，就叫人拉她上船。她的母親和教練在另一條船上。他們都告訴她海岸很近了，叫她不要放棄。但她朝加州海岸望去，除了濃霧什麼也看不到。

　　幾十分鐘之後 —— 從她出發算起 15 個鐘頭 55 分鐘之後，人們把她拉上船。又過了幾個鐘頭，她漸漸覺得暖和多了，這時卻開始感到失敗的打擊，她不假思索地對記者說：「說實在的，我不是為自己找藉口，如果當時我看見陸地，也許我能堅持下來。」

　　人們拉她上船的地點，離加州海岸只有半英里！後來她說，令她半途而廢的不是疲勞，也不是寒冷，而是因為她在濃霧中看不到目標。查德威克小姐一生中就只有這一次沒有堅持到底。2 個月之後，她成功地游過同一個海峽。她不但是第一位游過卡塔林納海峽的女性，而且比男子的紀錄還快了大約兩個鐘頭。

　　查德威克雖然是個游泳好手，但也需要看見目標，才能

鼓足幹勁完成她有能力完成的任務。當你規劃自己的成功時千萬別低估了制定可測目標的重要性。

清醒的頭腦能使人未雨綢繆

　　成功人士總是事前決斷，而不是事後補救的。他們提前謀劃，不是等別人的指示。而擁有清醒的頭腦能使你未雨綢繆，從而駛向成功的彼岸。

　　清醒的頭腦能幫助我們事前謀劃，迫使我們把要完成的任務分解成可行的步驟。想要製作一幅通向成功的地圖，你就要先有目標。正如 18 世紀發明家兼政治家富蘭克林在自傳中說的：「我總認為一個能力很一般的人，如果有個好計畫，是會有大作為。」

　　每一天，我們都遇到對自己的人生和周圍的世界不滿意的人。你可知道，在這些對自己處境不滿意的人中，有98％對心目中喜歡的世界沒有一幅清晰的圖畫，他們沒有改善生活的目標，沒有一個人生目的去鞭策自己。結果是，他們繼續生活在一個他們無意改變的世界上。

　　拿破崙‧希爾曾聽一位醫生講到退休問題。這位醫生對活到百歲以上的老人的共同特點做過大量研究，他叫聽眾思考一下這些人長壽的什麼共同的因素，大多數聽眾以為這位醫生會列舉食物、運動、節制菸酒以及其他會影響健康的東

西。然而，令聽眾驚訝的是，醫生告訴他們，這些壽星在飲食和運動方面沒有什麼共同特點。他發現，他們的共同特點是對待未來的態度 —— 他們都有人生目標。

制定人生目標未必能使你活到 100 歲，但必定能增加你成功的機會。人生倘若沒有目的，你也許會一事無成。正如貿易巨子 J·C·賓尼所說：「一個心中有目標的普通職員，會成為創造歷史的人；一個心中沒有目標的人，只能是個平凡的職員。」

有目標的頭腦是人奮進的「羅盤」

一個沒有目標的頭腦的人就像一艘沒有舵的船，永遠漂流不定，只會抵達失望、失敗和喪氣的海灘。

你是否有一個目標或目的？你必須有一個，因為你難以達到你並未曾有的目標，正像要你從一個從未到過的地方回來一樣。

除非你有確實、固定、清楚的目標，否則你就不會察覺到內在最大的潛能，你永遠只是「徘徊的普通人」中的一個，儘管你可以是個「有意義的特殊人物。」

前美國財務顧問協會的總裁路易斯·沃克曾接受一位記者訪問有關穩健投資計畫的基礎。他們聊了一會兒後，記者問道：「到底是什麼因素使人無法成功？」沃克回答：「模

糊不清的目標。」記者請沃克進一步解釋，他說：「我在幾分鐘前就問你，你的目標是什麼？你說希望有一天可以擁有一棟山上的小屋，這就是一個模糊不清的目標。問題就在『有一天』不夠明確，因為不夠明確，成功的機會也就不大。」

「如果你真的希望在山上買一間小屋，你必須先找出那座山，找出你想要的小屋現值，然後考慮通貨膨脹，算出5年後這棟房子值多少錢；接著你必須決定，為了達到這個目標每個月要存多少錢。如果你真的這麼做，你可能在不久的將來就會擁有一棟山上的小屋，但如果你只是說說，夢想就可能不會實現。夢想是愉快的，但沒有配合實際行動計畫的模糊夢想，則只是妄想而已。」

有一位妻子叫他的丈夫到商店買火腿。他買完後，妻子就問他為什麼不叫肉販把火腿末端切下來。丈夫反問他太太為什麼要把末端切下來。她說她母親就是這麼做的，這就是理由。這時岳母正好來訪，他們就問她為什麼總是切下火腿的末端。母親回答說她母親也是這樣。然後母親、女兒和女婿就決定拜訪外祖母，來解決這個三代的神祕之謎。外祖母很快地回答說，她所以切下末端是因為當時的紅燒烤爐太小，無法烤出整隻火腿的緣故。現在外祖母有她行動的理由了，那你呢？

目標很重要，幾乎每一個人都知道，然而，一般人在人

生的道路上，只是朝著阻力最小的方向行事，這是「徘徊的大多數普通人」，而不是「有意義的特殊人物」。你必須是一位「有意義的特殊人物」，而不是一位「徘徊的大多數普通人」。

選一個最熱的天氣，從商店裡買一些最大的放大鏡以及一些報紙，把放大鏡拿來放在報紙上，離報紙一小段距離。如果放大鏡是移動的話，永遠也無法點燃報紙。然而，放大鏡不動，你把焦點對準報紙，就能利用太陽的威力，將紙燃燒起來。

不管你具有多少能力、才華或能耐，如果你無法管理它，將它聚集在特定的目標上，並且一直保持在那裡，那麼你永遠無法取得成就。那個獵得幾隻鳥的獵人並不是向鳥群射擊，而是每次選定一隻作為「特定」的目標。

設定目標的藝術是把它聚在某一特定、詳細的目的上。「許多」錢，「好」或「大的房子」，「高收入的工作」，或成為一位「較好的丈夫、妻子、學生、人」，這些目標訂得都太籠統了。一般而言，都不夠特殊。

例如，不能光講是「大」或「好」的房屋，你的目標應該很清楚地以細節標示出來。如果你不知道精確的細節，就要收集一些合你心意，並有房屋圖樣的廣告雜誌。建築商或房地產商人有樣品屋時，要多方參考，比較綜合各種創意與觀念。

第一章　時代呼喚智慧的頭腦

開啟人的頭腦等於開採一座無價的金礦

空泛地說「我需要很多很多錢」是沒用的，你必須擁有開啟智慧之門的金鑰匙，否則面前的「金礦」會變成「石礦」。

很久以前，一位年邁的鄉村醫生駕著馬車到了一個小鎮，他把馬拴好之後，悄悄地鑽進一家藥店，和一位年輕店員商談一樁祕密生意。

一個多小時後，店員跟著醫生走近馬車，帶回一個老式大銅壺，店員經過一番檢查後，掏出一卷鈔票遞給老醫生，這 500 美金是年輕店員的全部積蓄。

老醫生便給店員一張寫好配方的小紙條。小紙條的價值究竟有多大，老醫生自己不清楚，這個奇妙配方將創造多大的奇蹟，年輕店員也無太多把握。

後來，店員遇到了一位年輕美麗的女孩，他請她品嘗了銅壺中的飲料後，女孩讚不絕口，再後來，這位女孩成了年輕店員的妻子。更重要的是，他們一起用那位老醫生的配方生產飲料，創造了巨大的財富。

這種飲料就是當今風靡全世界的可口可樂。

那位年輕店員的舉措就是開動「大腦機器」。

皮爾·卡登第一次展出各式成衣時，人們就像在參加一次真正的葬禮，皮爾·卡登被指責為倒行逆施。結果，他被

雇主聯合會除了名。不過,數年之後,當他重返這個組織時,他的地位提高了。從大學裡直接聘請時裝模特兒,使人們更加了解他的服裝,確保了他的成功。

1959 年,皮爾·卡登異想天開,舉辦了一次借貸展銷,這一個極其超常的舉動,使他以失敗收場。服裝業的保護性組織時裝行會對他的舉動萬分震驚,再次將他拋棄。可他在痛定思痛後,又東山再起,不到三四年功夫,居然被這個組織請去任主席。

就這樣,皮爾·卡登的帝國規模越來越大,不僅有男裝、童裝、手套、圍巾、肩背包、鞋和帽,而且還有手錶、眼鏡、打火機、化妝品。並且向國外擴張,首先在歐洲、美洲和日本得到了許可證。1968 年,他又轉向家具設計,後來又醉心於烹調,並且他成了世界上擁有自己銀行的時裝家。

「卡登帝國」從時裝起家,40 多年來,他始終是法國時裝界的先鋒。1983 年,他在巴黎舉行了題為「活的雕塑」的表演,展示了他 30 年設計的婦女時裝,雖然歲月已流逝了 20 ～ 30 年,可他設計的這些時裝仍然顯得極有生命力,並不使人有落後的感覺。

卡登在經營時裝業的同時,還向其他的行業發展。1981 年,皮爾·卡登以 150 萬美元從一個英國人手裡買下了馬克西姆餐廳,這一驚人之舉在全巴黎引起了不小的震動。這家

第一章　時代呼喚智慧的頭腦

坐落在巴黎協和廣場旁邊，有著 90 年歷史的餐廳當時已瀕於破產，前景十分黯淡，不少人對卡登之舉不理解，有人甚至懷疑這位時裝界的奇才是否真有魔法使這家餐館重放異彩。然而，三年過去後，馬克西姆餐廳竟奇蹟般地復生了。不但恢復了昔日的光彩，而且把它影響擴大到了整個世界。馬克西姆的分店不僅在紐約、東京落了戶，同時在布魯塞爾、新加坡、倫敦和里約熱內盧安了家，卡登經營的以馬克西姆為商標的各種食品也成為世界各地家庭餐桌上的美味佳餚。卡登終於實現了自己的諾言：「執法蘭西文明的兩大牛耳（時裝、烹飪）而面向世界。」

40 多年來，皮爾・卡登的事業不斷擴展，現在他在法國有 17 家企業，全世界 110 多個國家的 540 個廠商持有他頒發的生產許可證。他在全世界約有 840 個代理商，18 萬職員在生產「卡丹牌」或「馬克西姆牌」產品，每年的營業額為 100 億法郎，皮爾・卡登已成為法國十大富翁之一。

回顧皮爾・卡登的成功之路，不難發現他自從步入法國時裝業，就以服裝設計勇於突破傳統，富於時代感、青春感而著稱。早在 1955 年，皮爾・卡登應因創新而不容於同行，被逐出巴黎時裝協會 —— 辛迪加，然而他的服裝設計並未因此而窒息，反而加速發展。他在厚呢料大衣上打皺褶；用透明材料做胸前打折的上衣；給新娘穿上超短裙；讓模特兒

穿上帶網花的長筒襪；他還設計出「超短型」的大衣、氣泡裙；用針織質料為男士做西服……。他在 1960 年代末，推出一套女式秋季服裝，就是以式樣新、料子柔、做工精而成為時髦女郎和年輕太太的搶手貨，一時轟動了巴黎。由於皮爾‧卡登設計刻意追求標新立異，因此，法國的時裝界「卡登革命」的旋風勁吹。

有銷售方面，皮爾‧卡登講究全方位、多層次。上至高聳入雲的摩天大樓，下至微不足道的領帶夾，都使用他的名字做商標。如：皮爾‧卡登時裝、打火機、香水、手錶、地毯、汽車、飛機……幾乎一切有形的美化生活的東西都在他以皮爾‧卡登為商標的經營範圍之內。這樣，全方位、多層次的推銷策略，使卡登的各項經營走上了一條互為補充、流動式發展的道路，收到了事半功倍的效果。

對於皮爾‧卡登的發跡歷程，我們可以看出，經營需要智慧。

經營離不開智慧，管理也需要智慧。

在美國的麥考密克公司的發展史上，曾出現過幾乎倒閉的危機。公司創始人 W‧麥考密克是個個性豪放、不拘小節的經營者，其管理方式逐漸落後於時代，公司越來越不景氣，以至陷入裁員減薪的困境。正在此時，他得病暴死，公司經理一職由他的外甥 C‧麥考密克繼位。新經理一上任，

第一章　時代呼喚智慧的頭腦

即向全體職工宣布截然相反的措施：「自本日起，薪水增加10％，工作時間適當縮短。」職工們頓時聽呆了，幾乎不相信自己的耳朵。後來，面面相覷的職工，轉而對 C‧麥考密克的新舉措表示由衷的感謝。因此，士氣大振，全公司上下一致、同心協力，一年內就使公司扭虧為盈。

在麥考密克公司危難之際，兩位經理採取了截然不同的措施：減薪——加大了職工的危機感和不滿情緒；加薪——振奮了職工的精神和感激之情。其利弊得失，不言而喻。可見，好的創意不僅可以使企業起死回生，還會使企業興旺發達。要使自己創造力旺盛，就得多方面尋求啟示，越是從意想不到的地方去發掘，就越有可能突破框口，產生嶄新的創意。

有個毛紡廠出產一種布料，沒想到品質不合格，布料表面有許多白色斑點，使產品困壓滯銷。這時廠裡的設計人員忽發奇想，既然有白色斑點的問題不易克服，能否將這些斑點由瑕疵變成裝飾呢？於是他們在生產中刻意追求那種效果，將斑點加大，最後生產出一種別具一格的產品，名叫「雪花飄」。「雪花飄」上市便成了搶手貨。廠裡的人們稱這種經營方式為「歪打正著」。

多換思想，適應時代的要求

成功始於智、成於智。對於創業者而言，聰慧的大腦比千萬的資金更加重要。美國經營大師巴菲特曾說過這樣的話：「榨出我一克腦汁，再加上一萬六千元，我就可以創造出一千萬的價值。」可見智慧具有何等巨大的價值。

一個人沒有技能，可以拜師學藝；沒有知識，可以求學問道；沒有金錢，可以籌借貸款，但沒有智慧，一切都無從談起。多換思想少換人是一種商業智慧，有智者，事竟成，無智又不肯動腦的人，成功與他永遠就是不可能相交的二條平行線。

而「希望」是人才發展的良好載體，這個載體容易使你成功，對於那些有智慧的人，成功是他們的需求。人有了希望，再加上智慧的運作經營，才容易做出成績，容易得到社會的認可。

「多換思想少換人」，就是要鼓勵優秀人才做與企業同步發展的「長跑運動員」。企業的主管標準是德才兼備、以德為先；用人機制是疆場賽馬、注重業績；修訂完善規章制度鼓勵人才做優秀「長跑運動員」，這一切都是為了營造一個有利於人才不斷成長的企業環境。

正如空氣對於生命一樣，沒有聰慧的大腦，就沒有企業的成功。智慧就是希望，智慧就是動力。有了智慧的鞭策力

第一章　時代呼喚智慧的頭腦

量，就可以在人生的道路上發現成功的祕密，就可以在事業
的前途中找到成功的捷徑。

第二章
智慧＝思考＋知識

第二章　智慧＝思考＋知識

哈佛的文憑不是萬能的通行證

「擁有哈佛的學位可以在世界任何一個地方賺大錢」。不少現在或將來想去哈佛求學鍍金的人都這樣認為。那麼哈佛到底有多神？哈佛學子真是個個成功？哈佛的經驗放之四海而皆準？哈佛的理念能在各地的土壤上生根發芽？非也。僅有 HBS 的一張文憑，卻沒有能力的人，絕對當不上老闆，擔不起重任。手裡拿著 HBS 的畢業證書，有時卻連工作也難找到，這在哈佛畢業生中並不少見。

的確，有這樣的例子：一位學生在進哈佛商學院以前，曾經到一家經營顧問公司求職吃了閉門羹。但當他從 HBS 畢業後再去該公司就職時，僅僅聽說他是哈佛的畢業生，公司馬上就給他提供了年薪 10 萬美金，破格的資金、低息貸款和個人電腦等優越條件。

然而，另一個例子則完全相反。畢業於某大學，在一家一流廣告公司做了兩年的路易斯，在 1990 年，曾經接受紐約的另一家廣告公司的面試，也許是面試時給對方留下了一個好印象的緣故，他馬上被錄取了。不巧此時，他也接到了哈佛商學院的錄取通知書。路易斯經過反覆權衡之後，婉言拒絕了該公司的聘用，選擇了去 HBS 深造。1993 年，路易斯從哈佛拿到學位。當他又去這家公司應徵時，卻得到了完全相反的待遇。負責應徵的人事部長，竟在他的履歷表上寫下這

麼一句「來自哈佛的硬石頭」，然後就將之扔在一邊了。還是兩年前的路易斯，還是對廣告業有著同樣愛好的路易斯，竟然被看做石頭一塊！而原因，只不過是他拒絕了該公司的聘用，而在 HBS 進修了兩年！

且不管前者是否僅僅是因為哈佛的畢業證書就被錄取，而後者是否是因未被該公司錄用而惱羞成怒，哈佛的文憑並不像人們所想像的那樣是一張暢通無阻的通行證，不是學校所有畢業生能力的試金石。

利用哈佛的 MBA 學位，去得到「三高」──高薪資、高地位、高名望的職業絕不是那麼簡單容易的事情。且不說有些公司絕對不買哈佛的帳，單就哈佛的名氣，也往往給學生造成很大的壓力，這種壓力曾使學生們去公司面試時，由於過於緊張而告終失敗。

尤其對學生壓力最大的是接到一流的顧問公司或大銀行的錄取通知時，因為待遇好的企業，絕不只看你的文憑是什麼，他們選人時的條件非常苛刻。儘管學生們照樣努力地推銷自己，但不少哈佛的畢業生們往往敗下陣來。

1990 年的畢業生中，曾有一位是名門出身的學生，不少顧問公司曾對他的情況作過仔細的調查。很自然，這些公司慕其名聲希望拉他加盟。

學生們為了要爭先取得一個較好公司的聘用通知書，有

第二章　智慧＝思考＋知識

時必須在二、三天之內一個接一個地到這些公司去參加面試。這名學生前幾天一直是一天去兩三個公司，這一天也準備接受三個公司的最後面試，忙得不可開交。

時間已近中午，面試大廳異常混亂，學生們經過幾天的奔波，開始有些疲倦了。看哪一個考官都如同一人，張三李四區別不開。考官的提問，在他們聽來也是如出一轍。比如：你為什麼選擇我們公司，你打算怎樣在工作中發揮你的特長？你的愛好是什麼？等等。

悲劇就在這時發生了，當這名學生走進他最希望就職的 A 公司的面試房間，考官問他：「你為什麼想到我們公司就職」時，他面帶微笑，直視著考官的眼睛侃侃而談：「在六歲的時候，我就做夢想在你們 B 公司工作。」然後，他就開始大講特講 B 公司的經營方針、企業文化，最後還提到以前認識的 B 公司的一位職員，說他曾給自己留下相當好的印象。考官直著眼睛聽完了他的敘述，告訴他：「你可能搞錯了，這是 A 公司，而不是 B 公司的考場，我們 A 公司同樣也是很多學生想來的地方。」說完考官向門外喊：「下一個！」

這名被趕出來的學生走到大廳裡後，拚命「運氣」以迫使自己平靜下來。毫無疑問，他在這次求職面試中遭受到了沉重的打擊。

吳剛去參加一家投資銀行的面試。他學習成績出類拔

萃，財務、會計等課程門門優秀。投資銀行很想要他，而他也希望參加幾家投資銀行的面試。但他卻接連失敗了。在學校，他確實是一位屈指可數的優等生，但不知怎麼偏偏在面試時怯場，哈佛的口才培養看來沒有在他身上造成良好的作用。甚至就連那些成績一般的學生都錄用的二流企業，也沒有錄取他。最後在他準備的面試資料中，只留下了一家地方城市的公司。由於連續的挫折，吳剛的精神受到很大的打擊。他想，自己的大學時代就是在這個城市的近郊度過的，回到這裡不是也很好嗎？

面試開始後，吳剛感受這次面試有一種與以往不同的好氣氛，考官是一位平易近人的年輕人，而且畢業於與母校有密切關係的大學，所以談起來非常融洽。他想，這次可能差不多了吧！

哪知這時考官發問了：「你想來我們公司的動機是什麼？」

說實話，他本來就沒想到會到這最後一家候選公司面試，所以準備很不充分，對該公司的內部情況一無所知，慌亂之中他只能把自己有關投資銀行的知識拿出來應付場面，這樣他犯下了一個致命的錯誤。一席話說完，考官默默地站起來，打開房門，做出一個請走人的手勢：「年輕人，我們公司可不是投資銀行，以前不是，現在也不是，將來也不打

算成為投資銀行。不過你的發言，還真讓我吃了一驚，迄今為止把我們與投資銀行搞混的人你還是第一個。請記住，我們公司是美國屈指可數的幾家資產管理公司之一，真不知你是怎麼從哈佛畢業的。」

走出面試房間，已經很長時間了，那位考官的話還在吳剛耳邊迴盪。

有如吳剛等遭遇的哈佛畢業生非常多，他們往往也能找到一份屬於自己的工作，但絕對不是如人們想像的是憑了哈佛的畢業證書。這不僅對哈佛是個教訓，對如哈佛一般的其他名牌學校也同樣有借鑑之處。

博學不等於實用

多才多藝，樣樣精通，實則是樣樣不精。但只要是學有專長，就不怕沒有用武之地。

現代社會是個社會化程度極強的社會，很多的工作需要多方的合作才能完成；而現代社會更是一個專業化程度極強的社會，你只要有所特長，在某一領域中有過人之處，才能獲得更多成功的機會。否則自認為是多才多藝，樣樣精通，實則是樣樣不精，那麼，你只能在與他人耀眼的特長競爭過程中，黯然失色。

法國的化學兼細菌學家巴斯德說：「只要是學有專長，

就不怕沒有用武之地。」可見，只要能夠把自己鍛鍊成為一門重要行業的不可缺少的專家人物，你就能夠有所作為。

王麻子雖只是菜刀做得好，但他憑它成功地開創了自己的事業。

許多知識涉獵廣泛但淺嘗輒止的人，一生平平庸庸，默默無聞。

多年來，羅伯特自認為自己有多方面的興趣和才華，但這卻把他弄得很狼狽。

大學時，他主修經濟，畢業後到一家出版公司工作了幾年後，又回到學校讀企業管理碩士學位。

雖然他曾經想自己開公司，後來還是決定替別人的公司做諮詢顧問。「我打出顧問的招牌」，他笑著說：「並且找到了幾家客戶。」他最早的客戶是一家塑料容器公司，是在他拿到企管碩士學位後 10 個月找到的。「我一眼就看出來這家公司有生意可做。」

至於什麼生意，羅伯特沒有說，因為他認為那樣會限制他的服務範圍。「我無所不通，」他開玩笑地說，「他們可隨時來問我，並且得到他們所需要的服務。」

他很少拒絕客戶提出的要求，似乎他能解決所有的問題。為了提供正確的指導，他工作得非常認真、辛苦。由於他非常聰明並且凡事都不屈不撓，因而總是能從容地應付解

決客戶的問題。即使客戶提出什麼特殊的要求，他也總能想出辦法。

羅伯特中學時，曾希望從事他最喜歡的體育運動——籃球，但這個願望由於他長到 175 公分後再也沒長而宣告破滅。從那以後，他對運動就不再那麼有興趣了。而是把全部精力致力於使自己成為多面手。

羅伯特一直很喜歡用一句話來形容自己的工作：「發現問題，解決問題。」他把自己比作消防員，「公司總會有什麼地方發生問題，接著警鈴響起，然後就來找我萬能的羅伯特，由我去搶救。專業諮詢顧問就應該是這種樣子，要能應付所有的問題。」

我們不妨聽聽這位「雜家」20 年來工作的心得：「要解決任何事情，包在我身上。」他 34 歲時這樣說。而在 36 歲時他說：「無論什麼時候發生什麼問題，我都會有辦法解決——否則我也會有辦法從外頭找到解決之道。」39 歲時他說：「我對各行業都很精通，這是我的職業，你該知道我的意思吧！沒有任何事情能逃過我的注意力的。」41 歲時則說：「我很擅長站在整體的立場來看事情，從各個環節中找出事情的癥結。」到了 46 歲時：「我告訴他們不要找其他什麼人了，我有辦法應付一切的。」49 歲時他說：「只有我才是他們唯一需要的人，如果連我都沒辦法解決，大概也就沒

有什麼人能解決了。」

但實際上呢？羅伯特的公司一直經營平平，向他諮詢的客戶，大都對他的服務表示滿意，但卻很少有再次向他諮詢。

羅伯特絕對不是一個單獨而不正常的例子，根據美國某調查機構連續 10 年對 350 位企業管理碩士所作的追蹤研究顯示，羅伯特的情形也發生在很多自行創業都沒能成功的人身上。

為什麼會這樣呢？他們的事事精通背後隱藏著什麼危機呢？

最大的危機就是他們業不專精，沒有一項自己的特長。在上面所提到的調查中，分析人員發現了一個非常有趣的現象：加入並留在大公司工作的企業管理碩士往往更加執著於自己的方法，發展專長的範圍雖然有限，但卻十分專精，而自行創業的人卻較喜歡凡事一把抓，以至於專業無法專精。由於沒有人限制他們在某一特定的專業領域發展所長，因此他們也認為沒有必要總把自己局限在那裡。更重要的，也是那些人最樂不可支的，是他們因為能有較多的自我發展機會而幸運不已。這些恰恰正是造成他們失敗的最主要因素：這不光是指自己創業的企業管理碩士，對其他創業的人士來說，也是一樣。

第二章　智慧＝思考＋知識

　　為什麼呢？當問起羅伯特的客戶為什麼他們不再繼續讓羅伯特提供服務時，他們說：「羅伯特是個很幫忙的傢伙，給了我們很多很好的建議。但是，我們發現，對於某一特定的方面，別人比他做得更好。」

　　可是更為可怕的是，這些多才多能而業無專精的人，往往並沒有認知到自己之所以失敗的真正原因。例如：羅伯特就將其歸結為客戶的變化無常。「這些公司的經理根本不知道自己到底需要什麼，所以就每種都想試試看。」

　　這實在是一個天真的解釋。客戶並沒有找個和他相似的多面手來取代他，而是找了那些能提供更專精服務的人來取代他。

　　當羅伯特 43 歲時，有人問他：「你認為你對一個公司的哪方面最精通？」「我什麼都精通」羅伯特回答說：「財務、生產、銷售、存貨等等各方面都懂。」

　　他的這番話還真對一家運動用品公司的老闆產生了作用，他與羅伯特簽了半年的顧問合約。但是期滿後，老闆並沒有續約，使得羅伯特感到非常沮喪。和以前一樣，這家公司對他的服務也沒有任何不好的批評。「他已經盡全力了。」事後，那位老闆這樣說。但是一個月之後，這家公司還是找了另外一家專門進行存貨控制系統的顧問公司來幫忙。

　　這種轉換絕不是因為客戶善變，這家公司只是想從一個

比他更專精的顧問公司那裡得到協助罷了。不同的公司需要不同的專業諮詢服務，如果羅伯特真的能行行都精通、都出類拔萃，那當然是最好的，他當然會因此而獲得極大的成功。但是實際上幾乎沒有人能成為行行都出色的專家，包括羅伯特，雖然他很聰明，也很勤奮。

由此，我們想到另外一個現象：那就是近年來各大學中學習經濟學等專業的人很難分配，很難找到滿意的工作，包括一些著名的頂大。

為什麼呢？

大學專管學生就業工作的教師這樣說：「這些系所學的課程很雜但很淺，使這些系的學生就像萬金油，似乎什麼都懂。但是一旦更深入一點，求職部門就會發現其實這些學生又什麼都不懂，從而形成了這些學生哪裡都能要，哪裡都不要的局面。」

當然，這些專業成為長線專業並不僅僅因為以上這個原因，還有其他很多很複雜的社會、經濟、體制等方面的原因。並且也並不是說現在社會上不需要這些「雜家」和「多面手」了；但是隨著分工的越來越細，專業程度的越來越高，對他們的需求量已經很小了，並且還在迅速減小。因此，如果你要想獲得更多的成功機會，最好放棄「懂得越多，機會越多」的想法而改為「鑽得越深，機會越多」，讓

自己能在某一方面有所特長，出類拔萃。如果是能在這個基礎上再對其他方面有所了解，那當然是更好了，但萬不可因此而把前提給忘了。

另外，如果你在某一方面非常精通（這一方面對於你的事業應是非常重要和必要的）而其他方面懂得不多甚至一竅不通時，你不要不好意思承認自己在這方面的無知，不要充當這方面的專家，你應該向這方面的專家請教，「聞道有先後，術業有專攻」，不會有人因此而低賤你。更重要的是，你從專家那裡得到的指教和意見遠遠不是你自己一個門外漢經過冥思苦想能得到的。你只有集中了各領域最優秀者的智慧，才能使你的事業成為本領域中最優秀的一個。

「門內漢」也有尷尬之時

所謂「門內漢」是指那些在某一領域內具有專長的人。可是，這些「有專長的人」有時也會發現自己處於被這一領域所拋棄的尷尬境地。究其原因，是因為他們自認為「門內漢」掌握了這一領域的專業知識，就肯定能勝券在握，而聽不進他人的建議和勸告，從而被無情的事物發展規律所淘汰掉。這就證明了，人生也罷，創業也罷，自以為有專長的人不一定都能成功。而往往是一些「門外漢」，在不斷的摔打中增長了見識與才幹，憑藉過人的膽量和超人的頭腦，在事

業發展中成為了打造輝煌的人。可見智慧確實是打開成功之
門的金鑰匙。

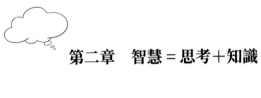

第二章　智慧＝思考＋知識

第三章
思考具有神奇的力量

第三章　思考具有神奇的力量

正確思考的神奇力量

一隻昆蟲可能被蛛網黏住。昆蟲一旦陷入困境，牠就不能解放自己。然而，每個人都可以絕對天生地控制一樣東西，這東西就是你的心態。我們能夠避免自己的心裡結上蜘蛛網，也能夠清除這種蜘蛛網。當我們一旦陷入網中時，我們仍然能從中解脫，獲得自由。

西元前 31 年，一位住在愛琴海濱一個城市的哲學家，想要到伽太基去。他是一位邏輯學教師。凝思苦想贊成和反對這次航海的各種不同的理由，結果他發現他不應該去的理由比應該去的理由更多：他可能暈船，船很小，風暴可能危及他的生命；海盜乘著快艇正在海上等待著捕獲商船，如果他的船被他們捕捉住了，他們就會拿走他的東西，並把他當奴隸賣掉。這些判斷代表他不可作這次旅行。

但他還是作了這次旅行。為什麼？因為他想，事情往往是這樣的：在每個人的生活中，情緒和推理都應該是平衡的，任何一種都不能總是處於控制地位。你所想要做的事，儘管在推理上是有些恐懼的事，但有時也是好的。最終，這位哲學家作了一次最愉快的旅行，安全歸來。

蘇格拉底是雅典偉大的哲學家、歷史上卓越的思想家之一。但他的思想上也有蛛網。

蘇格拉底年輕時愛上了贊西佩。她很美麗，而他長得其

貌不揚。但蘇格拉底有說服力，有說服力的人似乎有能力獲得他所想要獲得的東西。蘇格拉底成功地說服了贊西佩嫁給他。

然而，度過蜜月之後，蘇格拉底並非過得很好。他的妻子開始發現他的缺點，他也發現她的缺點。他為自我主義所激勵，據稱，蘇格拉底曾說：「我的生活目的是和人們融洽相處。我選擇贊西佩，因為我知道如果我能和她融洽相處，我就能和任何人融洽相處。」

那就是他所說的話。但是他的行為卻不是那樣的。問題在於，他力圖和許多人而不是少數人融洽相處。當你像蘇格拉底那樣，總是試圖證明你所遇到的人都是錯的，你就是在排斥而不是吸引人們。

然而他說他忍受贊西佩的嘮叨責罵是為了他的自我控制。但他如果要發展真正的自我控制，可取的道路應該是努力了解他的妻子，並用他當年說服她嫁給他的同樣的體諒、關心以及愛的表現去影響她。他沒有看見自己眼中的「橫梁」，卻看到了贊西佩眼中的微塵。

當然，贊西佩也不是無可指責的。蘇格拉底和她正像今天許多丈夫和妻子一樣生活著。過去他們使用令人愉快的個性和心態，以致他們的求愛時期成了十分幸福的經歷。後來他們卻忽略了繼續使用這種個性和心態來思考。忽略也是一種心理蜘蛛網。

第三章　思考具有神奇的力量

　　有時，我們對同一問題可先後得出兩個完全不同的結論。每一個結論都基於不同的前提。當你從一個錯誤的前提出發時，蜘蛛網就會干擾你的正確思想，使你得出一個錯誤的結論。斯通有一段很有趣的經歷，他描述了自己的這個經歷：

　　我小時候很喜歡吃青蛙腿。但有一天在一個餐館裡，服務生給我端來了味道不佳的、粗大的青蛙腿，我就不喜歡牠們了。從那時起，我就不愛吃大青蛙腿了。

　　幾年以後，我在肯塔基州東北的路易斯維爾城的一間高級大餐廳的菜單上看到了青蛙腿，我就和服務生談了起來：

　　「這些是小青蛙腿嗎？」

　　「是的，先生。」

　　「你有把握嗎，我不喜歡大青蛙腿。」

　　「是的，先生！」

　　「如果牠們是小青蛙腿，那就十分合我的口味。」

　　「是的，先生！」

　　當服務生上這道正菜時，我看見的仍是粗大的蛙腿。我被激怒了，我說：「這些不是小蛙腿！」

　　「這些是我們所能找到的最小的蛙腿，先生。」服務生答道。

　　現在，我寧願吃這種蛙腿，而不願老是鬱積不滿。我甚

至非常喜愛這種蛙腿，並願牠們更大些。

我學到了邏輯學上的一課。

在分析這件事的過程中，我認知到我對於大小蛙腿的優缺點結論是基於錯誤的前提。不是蛙腿的大小決定牠們有無味道。問題是由於這個事實，我以前所吃的粗大蛙腿並不是新鮮的。我錯誤地把蛙腿失去味道同大小而不是同腐爛連繫到一起去了。

現在我們可以看到，當我們從錯誤的前提出發時，蜘蛛網就會阻礙正確的思考。所以，當許多人允許總括性的詞語符號凌亂地堆積在他們的心裡作為錯誤的前提時，他們就會想得不正確。屬於這類詞語符號的詞或詞組有：總是、僅僅、絕不、沒有什麼、沒有人、每、每個、不能、不可能、既不是……也不是，等等。這些都是最常見的錯誤前提。因此，許多人輕率地應用這些符號時，他們的邏輯結論就會是錯的。

有一個詞，當人們用積極的心態去應用它時，就能激勵人取得成就。當人們用消極的心態去應用它時，它就會變成說謊、欺騙和欺詐的藉口。這個詞就是「需要」。需要是成功之母和罪惡之父。

「正直」是一種神聖的標準，是一切有價值的成就的主要標準，並且是積極的心態不可缺少的一部分。

第三章　思考具有神奇的力量

　　本書中的許多成功故事中的人們都受到了「需要」的激勵。在每一個故事中，你都會發現這些人在取得成就時都沒有違背「正直」這一為人準則。李・布拉克斯登就是這樣的一個人。

　　李・布拉克斯登是美國北卡羅萊納州懷特維爾城人，他的父親是一位勤奮的鐵匠，有 12 個孩子。他是第 10 個孩子。

　　「……所以你可以說，」李・布拉克斯登先生說，「我在很小的時候就熟悉了貧窮。憑著艱辛的工作，我好不容易才得以讀完小學六年級。我曾經替人擦皮鞋、送貨、賣報，在針織廠勞動，擦洗汽車，充當技工的助手。」

　　當李・布拉克斯登成了一名技工的時候，他結婚了，和妻子一起過著縮衣節食的生活。後來他失業了，完成了一幅失敗的圖景。他的房子將被人奪走，因為他無力償付抵押金。這似乎是一個絕望的境況。

　　但是，布拉克斯登是一個有能力的人。他從朋友那裡借到一本書，名叫《思考致富》。這位朋友在經濟蕭條期間，失去了工作和家庭，就是在受了《思考致富》的激勵之後，他彌補了他的財富。

　　現在李・布拉克斯登也準備好了。

　　他把《思考致富》讀了又讀。他在尋求經濟上的成功。他對自己說：「我似乎有一件什麼事必須去做。我必須增加

些什麼東西。我所必須做的第一件事就是運用我的積極的心態，以便能利用我的能力和機會。我必定要選擇一個明確的目標。當我確定目標時，我必須提出比過去更高的要求。但我必須儘快地開始。我要從我所能找到的第一件工作開始。」

他開始尋找工作，他找到了一件工作。這件工作開始時報酬不多。但是在李·布拉克斯登讀了《思考致富》之後沒有多少年，他就組織了懷特維爾市第一國民銀行，並成為該行總經理，後來他又被選為懷特維爾市市長，並且開辦了許多成功的企業。

正確的思考是成功的先導

當別人失敗了，你只需要一個正確的想法，緊跟以一個行動，你就可以成功。當你自己失敗了，你也只要轉換一個正確的想法，緊跟以一個行動，你同樣可以獲得成功。

美國芝加哥北密西根大道的一個地區現稱為「富麗哩」。1939 年，那裡的辦公大樓可說是慘不忍睹。一座座大樓只有空蕩蕩的地板。一座樓出租了一半就算是幸運的。這是商業不景氣的一年，消極的心態像烏雲一般籠罩在芝加哥不動產的上空。那時，你常可以聽到這樣一些論調：「登廣告毫無意義，根本就沒有錢」。或「我們沒有必要工作了。」

第三章　思考具有神奇的力量

　　然而就在這時，一位抱著積極心態的經理進入了這個景象陰翳的地區。他有一個想法。他立即行動起來了！

　　這個人受僱於西北互助人壽保險公司來管理該公司在北密西根大道上的一座大樓。公司是以取消抵押品贖取權而獲得這座大樓的。他開始擔任這件工作時，這座大樓只租出了10％。但不到一年，他就使它全部租出去了，而且還有長長的待租人名單送到他的面前。這其中有什麼祕密呢？他把無人租用辦公室作為一個挑戰，而不是作為一個不幸。記者採訪他時，他介紹了他對整個事情的思考：

　　「我準確地知道我需要什麼。我要使這些房間能 100％地租出去，在當時的情況下，要做到這一點是很難的。因此我必須把工作做到萬無一失，必須做到下列幾點：

❖ 要選擇稱心的房客。

❖ 要激發吸引力：為房客提供芝加哥市最漂亮的辦公室。

❖ 租金卻不高於他們現在所付的房租。

❖ 如果房客按為期一年的租約付給我們同樣的月租，我就對他現在的租約負責。

❖ 除此之外，我要免費為房客裝潢房間。我要僱用富有創造性的建築師和裝修工人，改造我們大樓的辦公室，以適合每個新房客的個人愛好。

我透過推理得到下列幾個方面的認知：

❖ 如果一個辦公室在之後幾年中都不能出租，我們就不能從那個辦公室得到收入。我們到年底可能得不到什麼收益，但這種情況總不會比我們沒有採取任何行動時的情況更糟。而我們的境況應該更好，因為我們滿足房客的需求，他們在未來的年份中會準時如數地交付房租。

❖ 而且，出租辦公室僅以一年為基數，這是已經形成了的慣例。在大多數情況下，房間僅僅只空幾個月就可接納新的房客。因此，得到租金的希望就不至於落空。

❖ 在一所設備良好的大樓裡，如果一個房客一定要在他租約滿期的那一年的尾端退租，也易於再租。免費裝潢辦公室也不會得不償失，因為這會增加全樓的股票價值。結果極好，每一個最近裝潢過的辦公室似乎都比以前更為富麗堂皇。房客都很熱心，許多房客花費了額外的金錢。甚至，有一個房客在改建工作中就花費了 22,000 美元。

親愛的讀者，請你現在回顧一下這件事情的始末。有一個人面臨著一個嚴重的問題。他手上有一棟巨大的辦公大樓，可是這座大樓十分之九的辦公室都是空閒著未被租用的。然而，在一年內這棟大樓便 100％地出租了。現在隔壁的左右，仍有幾十棟大樓是空蕩蕩的。

第三章　思考具有神奇的力量

　　這兩種情況之間的差別當然就是每棟大樓的經理對這個問題的不同的思考方法和所持的不同的心理態度。一種人說：「我有一個問題，那是很可怕的。」另一種人說：「我有一個問題，那是很好的！」

　　某位著名企業家樓先生無疑是屬於後一種人。身為一名成功的企業家，樓先生非常善於思考，常常能夠透過事物的表象，看到事物的本質，發現關鍵性問題並找到有效的解決辦法。

　　抓住事物的關鍵往往能達到事半功倍的效果，如果做一件事情，不知道做好這件事情的關鍵所在，往往會花費大量的人力、物力和財力，而且結果會收效甚微，如果能夠了解事情的關鍵所在，那麼結果往往是另一番景象。

　　一個人能夠抓住他的問題尚未顯露出真相時的好機會，洞察它並尋求解決，那麼，他就是懂得正確思考之要義的人。如果一個人能形成一種行之有效的想法，並緊接著付諸實踐，他就能把失敗轉變為成功。

正確地思考是成功的智慧

　　人的心態因為愚昧和無知而受到束縛，人的思想由於迷信和恐懼而受到扭曲。個人命運與人生成功，完全源自心態和思想的改變。正如奧里森·馬登所言：「更新思想就能獲

得新生，正確的思考就一定能獲得成功。」

由於我們擁有富於生命力的思想，由於我們擁有誠實正直的思想，由於我們擁有樂觀和美好的思想，我們的生命因此而力量倍增，而這些來自於正確思想的巨大力量則可以鞏固和完善我們優良的品格。懂得這一人生祕密的人往往抓住了通行於世界的根本原則，能夠認知到世間事物的真實性，並過上一種真實的生活。

學會正確的思考，就能將滋生疾病、帶來痛苦和導致失敗的悲觀思想掃地出門。一定要堅定地守住自己思想的大門，一定要把那些破壞你幸福和成就的所有思想敵人拒之於思想的大門之外，這樣，你就會驚異地發現，在很短的時間裡你的力量大大地增強了，你的生活發生了重大變化。

學會正確的思考，就能樹立健康的思想，樹立富於生機與活力的思想習慣，這種思想的習慣既是一種現實的存在，又是一種永恆的真理，更是一種妙不可言的萬靈藥，這種習慣將使你感到力量劇增。我們會感到偉大的內在力量正強有力地支撐著我們，我們的思想和情感充滿了真實性，生機勃勃，富有創造力。

所有可能導致軟弱、失敗、不幸或貧困的思想都是正確思考的大敵，都是極具破壞性的思想，都是消極和頹廢的思想。這些思想都是我們的敵人。無論什麼時候，如果它們想

侵入你的心靈，你都要譴責並驅逐它們，因為它們本身就是竊賊，會竊去我們的舒適、和諧、力量、幸福與成功。

把你的思想當作一塊土地，經過辛勤且有計劃的耕耘，就可把這塊土地開墾成產量豐富的良田。

然而沒有正確的思考，這塊良田則不會有理想的收穫。正確的思考又是以下列兩種推理為基礎的：

一種是歸納推理法，這是從部分導向全部，從特定事例導向一般事例，以及從個人導向宇宙的推理過程，它是以經驗和實證作為基礎，並從基礎中得出結論。

一種是演繹推理法，它以一般性的邏輯假設為基礎，得出特定結論的推理過程。

這兩種推理方法之間有很大的不同，但兩者可以一起運用。

例如：每當你用石頭擲擊窗戶的時候，只要石頭不變，則窗戶一定會被打破，反覆幾次用石頭擲打窗戶之後，你可歸納出一個結論，亦即玻璃是易碎的，而石頭不會碎。

從這個結論出發，你可演繹推理，將了解其他不易碎的東西（例如：棒球）也會打破玻璃，而石頭也會打破其他易碎的東西。

但我們很可能一不小心就做出錯誤的推理，進而導出錯誤的結論，你必須嚴格地要求推理的正確性，也就是嚴格地要求自己要做正確思考，必須審查你的推理結果，並找出其

中的錯誤，除了審查你自己的思考過程之外，你還可以運用這兩種推理方式，審查別人的思考結果是否正確。

為了要成為一位正確的思考者，你必須採取下列兩個重要步驟：

❖ 把事實和感覺、假設、未經證實的假說和謠言分開。
❖ 將事實分成兩個範疇：重要的和不重要的事實。

圍繞一件事，除了正確的思考者之外，其餘人都會有許多意見，但這些意見多半都是沒有價值的。在沒有價值的意見之中，有許多都可能是危險，而且是具有破壞性的（尤其當它們和個人進取心發生連繫的時候），希特勒就是一個最好的例子。

你只能接受那些以事實，或正確的假說為基礎所提出的意見。同樣的，你不可提供沒有事實或正確假說作為根據的意見。正確思考者在沒有確信之前，是不會提供任何意見的，雖然他們從別人那裡聽取事實、資料和建議，但是他們保留接受與否的權利。

報紙、閒聊和謠言，都不是得知事實的可靠媒介，因為它們所傳達的消息經常會出現變化，而且也沒有經過嚴格的查證。

「期待」通常是形成大眾所接受之「事實」的原因，因為一般人很自然地認為自己的期待和事實是一致的，由於這

第三章　思考具有神奇的力量

種一般人所接受的「事實」是如此輕易地被提出來，所以你必須記住，想要了解真正的事實，通常是必須付出代價的，也就是努力追查事件的真實性的代價。

身為一個生於農村長於農村、學業知識不高的企業家，韓偉在面對凶險莫測的市場時，總能保持清醒的頭腦，充分運用自己的智慧，積極思考戰勝它的辦法。

使韓偉開始發展家業的行業是養蛋雞。雞蛋是有季節性的，到了夏天價格就會下降，甚至會低於成本價。而 1985 年夏季雞蛋價錢下跌幅度之大，是所有的養雞戶都不能承受的。蛋價都不能保住成本價，養雞大戶都面臨巨額虧損。

市政府看著蛋價跌得厲害，出面干涉，訂出了一個保護性的雞蛋市場價，但效果不佳，還是不能有效地控制市場。

在這種情況下，大小養雞專業戶不得不採用了最後一招 —— 殺雞關門。有一些人痛下決心，甚至把當年才上架的蛋雞也殺了。

在這種情況下，養雞最多的韓偉當然心裡也急，他的雞場有數萬隻蛋雞呢。但他沒有急糊塗，他採取了既能保護雞場又能保護市場的措施，而且兼顧了雞場的長遠發展。

他也殺雞，但他是把一些過了生蛋旺期的雞給殺了，然後他把精力主要放在了哺育雞雛的工作上。

韓偉憑藉他已往的經驗料定過了低谷，必定會有高峰的到來。他冷靜地處理掉一批成雞，靜觀市場變幻，再把後續

的小雞養起來。這樣，他既可以節省不少飼料和開支，減少雞蛋造成的虧損，又可以省下精力與資金。

果然不出他的預料，過了年，當他養成的小雞長成大雞，開始生蛋的時候，雞蛋價格又回升到高點。這是因為養雞戶少了導致雞少，當然雞蛋也少。在市場價格的規律調節下，蛋價當然會回升。韓偉的雞蛋重新為他贏得了好利潤，其他一些把蛋雞都殺掉的專業戶後悔也晚了。他們對韓偉這種應變的策略由衷地感到佩服。

正確的思考要基於事實

正確的思考方法是如此的重要，那麼，怎樣才能做到思考方法正確呢？

無數經驗告訴人們：思考方法正確的前提是基於事實。

在法律程式的領域中，有一項被稱之為「證據法」的原則，這項法律的目的就是取得事實。任何法官，只要能根據事實來作判決，那麼，他就可以把案子處理得對一切有關係的人都同樣公平；如果他故意迴避這項「證據法」，根據道聽途說的消息來作判決或結論，那麼，這種判決或結論就不可能是正確的。

「證據法」根據它所使用的對象與環境，而有所不同。在缺乏你所知道的事實時，在你大腦假設時，在你眼前的證

69

據中，只有那些既能增進你自己的利益，但又不會對任何人造成損害的證據，才是以事實為基礎的證據。你只要以這一部分的證據去判斷，就不會出錯。

但是目前的狀況是，有許多人錯誤地 —— 他自己可能知道，也可能不知道 —— 把事情的利害關係當作事實。他們願意做一件事，或是不願意做一件事，唯一的原因是能否滿足自己的利益，而未曾考慮到是否會妨礙到其他人的權益。

不管多麼令人感到遺憾，這仍然是事實。今天大多數人的想法，是以利害關係為唯一的基礎。在事情對他們有利時，他們表現得很「誠實」，但當事情對他們似乎不利時，他們就會不誠實，還會為他們的不誠實找到無數的理由。

思考方法正確的人絕不會如此，他會制定一套準則來指引自己，並時時遵從這套準則，不管這套準則能否立即為他帶來利益，或是偶爾還會帶給他不利的情況。因為他知道，到最後，這項準則終將使他達到成功的最高峰，使他最後達到生命中的明確而主要的目標。

你最好在心理上做個準備，使自己了解，要想成為一個思想方法正確的人，必須具備頑強堅定的性格。

思考方法正確，有時會受到某種力量的暫時性懲罰。但是，思考方法正確所獲得的補償性報酬，會十分豐厚，因此，你會很樂意地接受這項懲罰。

在追求事實的過程中，經常需要借鑑他人的知識與經驗，用這種途徑收集事實之後，必須很小心地檢查它所提供的證據，以及提供證據的人。而當證據的性質影響到提供證據的證人的利益時，我們有理由要更加詳細審查這些證據，因為，和他們所提出的證據有關係的證人，通常會向誘惑屈服，而對證據予以掩飾，無論何時何地，只要人們一發現，就能一眼看出來。而且，還會主動去尋找它們，一直到把它們找出來為止。

一個人如果知道他是憑著事實工作，那麼，他在工作時將會產生自信心，這將使他不會躊躇或是等待。他事先就知道，他的努力將會帶來什麼結果。因此，他的工作效率比其他人更高，成就也將勝過其他人；其他人則必須摸索前進，因為他們無法確定自己所從事的工作是否合乎事實。

思考決定人生的一切

「思考決定一切」，這話一點不假。當思考與目標、毅力以及獲取物質財富的熾烈欲望結合在一起時，思考更具有強有力的力量。

幾年前，艾德溫・巴尼斯發現，人們只要去思考就可致富，這是千真萬確的事。他的發現並非一念之間所產生，而是漸漸產生的。最初只是一種急切的欲望：他要做偉大的愛

第三章　思考具有神奇的力量

迪生的商業夥伴。

巴尼斯願望的主要特徵之一，就是目標「明確」，他希望和愛迪生「共同」工作，而不是「為他」工作。

當這個欲望，或者說是思考的衝動，首次在巴尼斯的心頭閃過時，他也是無力採取行動的，因為有兩大困難擋在面前：第一、他不認識愛迪生；第二、他沒有足夠的錢買張火車票到紐澤西州的奧蘭治去。

這些困難足可使大多數人感到沮喪，進而放棄實現欲望的嘗試。但是，巴尼斯的這個欲望卻不同尋常！

他想辦法在愛迪生的實驗室中出現，宣布他是來和愛迪生合作的。幾年後，愛迪生談起他跟巴尼斯初次會晤的情形時說：「他站在我的面前，外表就像一個十足的無業游民。但是他臉上的表情給人的感覺是，他決心要得到他追求的東西。根據我多年和人交往的經驗，我深知，當一個人真正渴望獲得某樣東西時，為了得到它，他甚至不惜付出一切代價，這種人必然會成功。我給了他所渴望得到的機會，因為我看出他已下定決心，不成功誓不罷休。以後的事實證明了我的判斷非常正確。」

這位年輕人之所以能在愛迪生的辦公室裡獲得了事業的開端，絕不是因為他外表的關係，因為他的外表對他是絕對不利的，最重要的是因為他的「思考」，思考決定了一切。

在第一次會晤中，巴尼斯並未建立起他與愛迪生的合作夥伴關係。他只是在愛迪生的辦公室裡得到了一個工作機會，而且薪水很低。

幾個月過去了。巴尼斯一心所想達到自己暗自確定的那個「明確的主要目標」的願望，顯然沒有絲毫進展。但是，巴尼斯的意識正在發生重大的變化，他不斷地在強化他想做愛迪生商業夥伴的這一欲望。

心理學家說得非常正確：「當一個人真的渴望去做一件事情時，這件事情自會出現。」巴尼斯準備與愛迪生在商業上合作，而且他決心繼續積極準備下去，直到他達到目標為止。

他從未對自己說：「算啦，有什麼用呢？我想我得改變原來的主意，試試做一個銷售員吧！」但是他卻對自己這樣說：「我到這裡來是為了與愛迪生合作，我一定要達到這個目標，即使耗盡我的一生也在所不惜。」

巴尼斯不屈不撓的決心，堅持一個單純願望的持久毅力，注定使他剷除了所有的障礙，並為他帶來他所尋找的機會。

當機會來到時，它出現的方式，並非為巴尼斯所能料到的，這是機會的惡作劇。它有從後門溜進來的狡猾習慣，它來到時往往偽裝成不幸或一種失敗的樣子。這便是為什麼許

第三章　思考具有神奇的力量

許多多的人之所以不能認知機會的道理。

　　愛迪生剛剛完成一種新的辦公用具的發明，當時稱之為
「愛迪生留聲機」。他的銷售人員對此不熱衷，他們不相信這
種機器能輕易脫手。巴尼斯意識到他的機會來臨了！這種機
會悄然來到，它是藏在除了巴尼斯和發明家之外、沒有其他
人感興趣的一具怪模怪樣的機器之中。

　　巴尼斯知道他能推銷愛迪生的留聲機。他向愛迪生提出
請求，並立即得到了允許。他不但銷售出了這種機器，而且
事實上他的銷售十分成功。於是愛迪生和他簽了約，讓他負
責在全國推銷。在這個商業合作的過程中，巴尼斯除了使自
己成為富翁外，還做了一件更重要的事情，即證明了一個人
真的可以「思考致富」。

　　巴尼斯最初的欲望對他而言值多少錢，無法知道，也許
會帶給他 250 美元或 500 多美元，但是無論值多少錢，若與
他所得到的更大的智慧之財富相比較，則是微不足道的。他
的智慧財富是：「積極思考」，配以絕對的原則，並付諸行
動，即可轉變為物質的財富。

　　簡單地說，「思考」使偉大的巴尼斯和偉大的發明家愛
迪生結成商業夥伴關係；思考使巴尼斯致富。他開始時一無
所有，後來終於證明了自己可以擁有一切。

眼界大開，海闊天空

　　商海中，創業者的眼界必須開闊，不能只看見某一點，而不及其餘，或者只看到局部而不及全部。

　　三星財團是韓國十大財團之一，該企業創建之勛李秉哲，經過近 50 年奮鬥，使企業聞名遐邇，稱雄世界，他發展企業的原則和經營策略，更為人們所信服。他的生平業績和經營思想，1986 年被日本著名的「講談出版社」編輯成書，在日本極為暢銷。他卓越功績不僅被韓國所公認，也被世界所認可。1979 年美國巴布森學院授予他最高經營獎，1982 年 4 月 3 日美國波士頓學院授予他名譽博士稱號。他逝世後，韓國當局還追授他一枚一級國民勛章。

　　李秉哲的前半生經歷了日本帝國主義統治時期，這期間他雖然也創辦了企業，但只是為了謀生吃飯，並無大的宏圖。1945 年韓國光復後，他在苦難生涯中受到教育和啟發，確立了「事業報國」的創辦企業的方向，但動盪的國內局勢，韓戰的爆發又使他的事業慘遭失敗，李秉哲並沒在失敗中倒下，他從痛苦失敗中總結創建事業的四大原則：第一必須敏銳地調查時代的動向。第二必須抑制貪心，不能超越自己的能力去經營企業。第三必須絕對避免投機心理。第四辦企業要有上、中、下策多種準備，當上策受挫或失敗時，就要果斷地放棄上策，依次採取中策和下策，做到有備無患。

第三章　思考具有神奇的力量

李秉哲在後來事業中，始終遵循這一準則，使三星集團逐步發展壯大，為韓國經濟的繁榮昌盛做出了巨大貢獻。

李秉哲在總結歷史經驗教訓後，始終本著不斷進取，無終點創業的精神。他認為：「時代在發展，人類在進步，滿足於一得之功，安於現狀，就是衰退，就是走自我毀滅之路。」李秉哲透過經營實踐體察到：特定商品和事業達到頂點時，就應該開闢其他商品和領域，他把這種經營策略叫「企業變身」，他對所屬企業管理者經常說：「必須具有事先了解企業壽命的智慧，以便在其壽命結束之前做好轉向其他商品或事業。」遵照這一原則，他不斷開拓自己經營領域，他首先是從製糖業開始的，以後又延伸到輕工業、重工業、電子工業、尖端技術，甚至文化藝術業等，所有這些都是他「無終點創業」的具體展現。

李秉哲認為，隨著時代發展，企業經營者在抓住可變經營手段同時，還應注意抓住經營哲學中的不變規則，這就是技術革新和經營合理化。進入 1980 年代，李秉哲把這一經營思想高度概括為「尖端技術、尖端經營」。他認為在國際競爭中要生存下去，就必須不斷地使企業經營合理化，即透過尖端技術，降低成本，生產物美價廉的產品。因此，必須不斷開發新技術。

李秉哲早在創建「第一製糖」企業時，就注意抓經營者和普通社員技術培訓，培訓員工們技術革新意識，使企業不斷進步。他認為技術是現代企業發展的鑰匙，他時時蒐集新資訊，不斷選擇適合自己企業發展的技術加以引進，並確定明確引進原則，為此他組建了「三星綜合技術院」，雲集一批科技人才，專門負責新技術資訊的蒐集、引進、消化、開發和利用。並親自負責組織和管理，他為該院規定4項任務：

1. 應在全財團範圍開發所有有前途的尖端產品；
2. 開發高技術或可在若干會社共同利用的核心技術；
3. 開發週期長且波及效果大的材料和產品；
4. 屬於會社之間重點開發或屬大型項目應屬全財團共同開發的任務。

他制定中長期計畫，有預見未來的眼光，並捨得下本錢培養技術人才，這項工作的落實為其幾項基礎產業如半導體、電子電腦、汽車等尖端技術奠定了堅實基礎。為此，1982年到1986年，三星集團用於技術開發和人才培訓投資總額達460億韓元，占該會社當年銷售額4％。三星不僅注意開發本企業應用技術，還瞄準宇航、情報通信、新材料等尖端技術和基礎科學研究下功夫，使三星在韓國處於領先地位，這些尖端技術的廣泛應用，對企業經濟效益也造成很大推進作用。

第三章　思考具有神奇的力量

第四章
思考是創造非凡的智慧

多想幾步即可成功

曾有這樣一個故事：

愛若和布若差不多同時受僱於一家超級市場，開始時大家都一樣，從最底層做起。可不久愛若受到總經理青睞，一再被提升，從領班直到部門經理。布若卻像被人遺忘了一般，還在最底層工作。終於有一天布若忍無可忍，向總經理提出辭呈，並痛斥總經理狗眼看人低，辛勤工作的人不提拔，倒提升那些吹牛拍馬的人。

總經理耐心地聽著，他了解這個小夥子，工作肯吃苦，但似乎缺少了點什麼，缺什麼呢？三言兩語說不清楚，說清楚了他也不服，看來……他忽然有了個主意。

「布若先生，」總經理說：「您馬上到市集上去，看看今天有什麼賣的。」

布若很快從市集上次來說，剛才市集上只有一個農民拉了車在賣馬鈴薯。

「一車大約有多少袋，多少斤？」總經理問。

布若又跑去，回來說有 10 袋。

「價格多少？」布若再次跑到集上。

總經理望著跑得氣喘吁吁的他說：「請休息一會兒吧，你可以看看愛若是怎麼做的。」說完叫來愛若對他說：「愛若先生，你馬上到市集上去，看看今天有賣什麼。」

　　愛若很快從市集回來了，匯報說到現在為止只有一個農民在賣馬鈴薯，有 10 袋，價格適中，品質很好，他帶回幾個給經理看。這個農民過一會兒還會弄幾筐番茄來賣，據他看價格還公道，可以進一些貨。這種價格的番茄總經理可能會要，所以他不僅帶回了幾個番茄作樣品，而且把那個農民也帶來了，他現在正在外面等回話。

　　愛若由於比布若多想了幾步，於是在工作上取得了一定的成功。請問，你能想到幾步呢？在現實生活中，多想幾步，即遠見卓識將給我們的生活帶來極大的價值。

　　凱薩琳·羅甘說：「遠見告訴我們可能會得到什麼東西。遠見召喚我們去行動。心中有了一幅宏圖，我們就從一個成就走向另一個成就，把身邊的物質條件作為跳板，跳向更高、更好、更令人快慰的境界。這樣，我們就擁有了無可衡量的永恆價值。」

　　深度思維帶來巨大的利益，會打開不可思議的機會之門。深度思維更容易挖掘一個人的潛力。人越有遠見，就越有潛能。如下：

▋深度思維使工作輕鬆愉快

　　成就令人生更有樂趣。當你努力做，把工作做好時，沒有任何東西比這種感覺更愉快。它給予你成就感，它是樂趣。當那些小小的成績為更大的目標服務時 —— 譬如使一個

第四章　思考是創造非凡的智慧

深度思維成為現實，就更令人激動了。每一項任務都成了一幅更大的圖畫的重要組成部分。

▌深度思維能增添價值

同樣，當我們的工作是實現遠見的一部分時，每一項任務都具有價值。哪怕是最單調的任務也會給你滿足感，因為你看到更大的目標正在實現。

這個道理就如同那個在工地上跟三個砌磚工人談話的人的故事一樣。那人問第一個工人：「你在做什麼？」工人回答：「我為拿薪水而工作。」他用同樣的問題問第二個工人，回答是：「我在砌磚。」但當他問到第三個工人時，他熱情洋溢地回答：「我在建一座教堂！」那三個人在做同一種工作，但只有第三個工作受到遠見的指引。他看到了那幅宏圖，宏圖給他的工作增添了價值。結果大家都知道，第三個人後來成了建築師。

▌深度思維其實就是預言你的將來

缺乏深度思維的人可能會被等待著他們的未來弄得目瞪口呆。變化之風會把他們刮得滿天飛。他們不知道會落在哪個角落，等待他們的又是什麼東西。人生是個機會，這些人希望他們的機會不錯。

如果你有深度思維的能力，又勤奮努力，你將來就更有

可能實現你的目標。誠然，未來是無法保證的，任何人都一樣。但你能大大增加成功的機會。

多想一步的黃仲涵

有許多創業者就是把自己的思維向深度引進了一步，於是就獲得了巨大的成功。黃仲涵從開始時的單一經營製糖業，到進一步思考後，又經營甘蔗種植業，形成全方位一體化的經營，就是很好的證明。

黃仲涵是印尼建源股份有限公司的董事長，他是 20 世紀初影響最大的華商，原籍福建省同安縣，1866 年 11 月生於印尼中爪哇省府三寶壟市。其父黃志信曾參加太平軍，太平軍失敗後逃亡印尼。開始時當店員，1863 年 3 月自己開辦「建源棧」商行。黃仲涵十幾歲就開始協助父親經營商行。20 世紀初，他從父親手上接過「建源棧」，開始了獨立創業的生涯。

黃仲涵繼承父業後，不滿足於「建源棧」的商貿業務，決心開拓有較大發展前途的經營領域。可以說，從事業的開始，便顯示出他非凡的眼光和獨到的策略。特別是他在創富思維的深度上超過了別人。他想製糖業的發展要依賴甘蔗的種植。自己為何不能來他個「一條龍」式的生產呢？於是黃仲涵經過周密的研究和思考，認為爪哇島土地肥沃、風調雨

第四章　思考是創造非凡的智慧

順,是種植甘蔗的天然理想地區,而且印尼華僑經營蔗糖業歷史悠久,經驗豐富,當時已譽滿南洋。他決定投資經營甘蔗業。他吸收歷代華僑的製糖經驗,從兩個方面齊頭並進地推進自己的計畫:一是大面積種植品質優良的甘蔗;二是興辦機械化和電氣化的糖廠,形成一條龍蔗糖生產線。這樣一來,從原料生產到加工成品,再到他的「建源棧」銷售,形成了「一體化發展」的經營方式,這就使他從事的經營從一開始就具備強大的競爭實力。

為了保證他的「一體化發展」經營方式始終處於較高的水準,他十分重視技術進步。於是他想方設法購進國外最新設備;千方百計聘請德國的技術專家,請專家向工人們親自講授新機器的操作方法和新的甘蔗收割法;他精心選派那些有培養前途的華僑青年到西歐去,學習操作和修理新式機器的技術知識。這些得力措施,使他們的甘蔗園和糖廠率先實現了全面電氣化作業。

第一次世界大戰期間,歐洲各國均陷入混亂之中,許多工廠被迫停產,百貨昂貴,糖價暴漲,黃仲涵的建源股份有限公司不失時機坐收漁利,全力經營製糖業,到戰爭結束時,黃仲涵已擁有9家糖廠,私人資產達4億荷盾以上,真正成為富甲東南亞的世界糖王。

黃仲涵雖未上過正規學校,但他對業務有一種刻苦鑽研

的精神，辦事總想精益求精。他有一句口頭語：「絕不要滿足於做一名普普通通的人，你要瞄準那最高的目標。」

黃仲涵的用人之道：任人唯才，求賢若渴。他要重用那些能除舊立新、有組織管理才能的人。

早在黃仲涵父親黃志信在世時，就主張任人唯才，反對任人唯親。這一用人之道傳到黃仲涵手上，又得到了進一步的發展。從他破例提拔重用陳澤炳一事中可見一斑。陳澤炳是「建源股份有限公司」年輕的簿記員，並沒受過高等教育，僅僅接受過一般的商業教育。可是黃仲涵透過他對日常事務的處理，發現陳澤炳具有一種特殊的素養，深信他具有擔當大任之天賦，於是破格任命他為公司的總經理。陳澤炳上任後，果然不負所望，穩重而果斷地推進了「建源棧」的一體化發展策略，被同行們公認是印尼最傑出的總經理之一。

為使他「一體化發展」的經營策略更完善，黃仲涵還大力推崇「全方位『一體化發展』」的策略。1906 年，他創辦了黃仲涵銀行，從而保證了經營發展資金來源管道暢通。為保證運輸管道暢通，他又與朋友一道共同經營「三寶壠輪船公司」。1912 年他收購了該公司的全部股份，改名為「協榮茂輪船公司」，並新購進 4 艘輪船，航行於印尼各地，保證了本企業的原料與產品及時運送。至 1924 年病逝前，黃

第四章　思考是創造非凡的智慧

仲涵的印尼建源公司下設有經濟部、商業部、工業部、銀行部、輪船部、倉庫部、保險部、宣傳部等部門。經濟部專門收集、分析工商業情報，為其經營決策提供資訊參考；商業部轄建源股份有限公司，下設分支行、辦事處 25 個；工業部轄黃仲涵砂糖股份有限公司、東莞糖廠、黃仲涵木薯澱粉廠、中國酒精廠；銀行部轄黃仲涵銀行；輪船部轄協榮茂輪船公司；倉庫部擁有中爪哇倉庫股份有限公司；保險部轄黃仲涵總公司保險部；宣傳部轄發行印尼文的太陽日報社。凡了解黃仲涵建源股份有限公司的經營者，無不讚嘆他「全方位一體化經營」的策略頗有「卡特爾」的氣派。這就難怪黃仲涵的「糖業帝國」不但頂住了實力強大的荷蘭、日本等同行的競爭壓力，而迅速發展壯大。他的 9 家糖廠最高年產量達 10 多萬噸，占印尼國內消費市場的一半左右，在國際市場上也占有一定份額。其甘蔗種植、航運、金融業等皆具相當規模。

黃仲涵當初如果創富思維僅停留在擴大製糖業上，那麼他就不會取得今天這樣大的成就。正因為他把創富思維向深度推進了一步，他於是自鑄為富豪。

培養重點思維的習慣

　　拿破崙‧希爾告訴人們，養成正確的思考方法，首先需要培養重點思維習慣。正確的思考方法包含了兩項基礎。第一，必須把事實和純粹的資料分開。第二，必須把事實分成兩種：重要的和不重要的，或是，有關係的和沒有關係的。

　　在達成你的主要目標的過程中，你所能使用的所有事實都是重要而有密切關係的；你所不能使用的則是不重要及沒有重大關係的。某些人因為疏忽而造成了這種現象：機會與能力相差無幾的人所做出的成就卻大不一樣。

　　只要你勤於去尋找研究，你將會發現，那些成就大的人都已經培養出一種習慣，把影響到他們工作的重要事實全部綜合起來加以使用。這樣一來，他們也許比起一般人來會工作得更為輕鬆愉快。由於他們已經懂得祕訣，知道如何從不重要的事實中抽出重要的事實，因此，他們等於已為自己的槓桿找到了一個支點，只要用小指頭輕輕一撥，就能移動你即使以整個身體的重量也無法移動的沉重工作份量。

　　一個人若能養成把其注意力移轉到重要事實上的習慣，並根據這些重要事實來建造他的成功殿堂，那他就已為自己獲得了一種強大的力量，可以比作是一下子可以擊出 10 噸力量的大鐵錘，而不是只有一磅力量的小鐵錘。

　　為了使你能夠了解分辨事實與純粹資料的重要性，拿破

第四章　思考是創造非凡的智慧

崙‧希爾建議你去研究那些聽到什麼就做什麼的人。這種人很容易受到謠言的影響，這種人對於他們在報上所看到的所有消息全盤接受，而不會加以分析，他們對別人的判斷，則是根據這些人的敵人、競爭者及同時代的人的評語來決定。從你相識的朋友當中，找出這樣的一個人，在討論這一主題期間，把他當作是你的一個例子。注意，這種人一開口說話時，通常都是這樣說：「我從報上看到」，或者是「他們說」。思想方法正確的人都知道，報紙的報導並不是一向是正確的，他也知道，「他們說」的內容通常都是不正確的消息多過正確的消息。如果你尚未超越「我從報上看到」和「他們說」的層次，那麼，你必須十分努力，才能成為一個思想方法正確的人。當然，很多真理與事實，都是包含在閒談與新聞報導中。但是，思想方法正確的人並不會把他所看到的以及所聽到的全部接受下來。

想像力能夠創造人間奇蹟

在美國加州海岸的一個城市中，所有適合建築的土地都已被開發出來，並予以利用。在城市的另一邊是一些陡峭的小山，無法作為建築用地，而另外一邊的土地也不適合蓋房子，因為地勢太低，每天海水倒流時，總會被淹沒一次。

一位具有想像力的人來到了這座城市。具有想像力的

人，往往具有敏銳的觀察力，這個人也不例外。在到達的第一天，他立刻看出了這些土地賺錢的可能性。他先預購了那些因為山勢太陡而無法使用的山坡地。他也預購了那些每天都要被海水淹沒一次而無法使用的低地。他預購的價格很低，因為這些土地被認為並沒有什麼太大的價值。

他用了幾噸炸藥，把那些陡峭的小山炸成鬆土。再利用幾架推土機把泥土推平，原來的山坡地就成了很漂亮的建築用地。另外，他又僱用了一些車子，把多餘的泥土倒在那些低地上，使其超過水平面，因此，也使它們變成了漂亮的建築用地。

他賺了不少錢，是怎麼賺來的呢？

只不過是把某些泥土從不需要它們的地方運到需要這些泥土的地方罷了，只不過把某些沒有用的泥土和想像力混合使用罷了。

那個小城市的居民把這人視為天才；而他確實也是天才 —— 任何人只要能像這個人這樣地運用他的想像力，那麼，他也同樣可以成為一位天才。

靈魂的創造力，是每個人自己的財富，是你在這個世界上唯一能夠絕對控制的東西。

有一天早晨，鋼鐵大亨史威伯乘車剛在他的貝泰鋼鐵工廠的停車場上停下來，當他從車上下來時，一名年輕的速記

第四章　思考是創造非凡的智慧

員就立刻迎上前去。這位速記員說,他之所以立刻趕上前來,只是希望如果史威伯先生有任何信件或電報要寫的話,他能夠立即提供服務。沒有任何人吩咐這位年輕人一定要在場,但他有足夠的想像力,使他可以看出,他這樣做對自己的前途並沒有任何壞處。從那一天起,這位年輕人就「注定」要踏上成功之路了。史威伯先生之所以獨獨看中這位年輕人,是因為他做了貝泰公司其餘十幾名速記員可以去做但一直沒做的事。在今天,這位年輕人已是世界上最大規模的一家藥品公司的總裁。

幾年以前,拿破崙‧希爾接到了一位年輕人的來信,他剛從商學院畢業,希望到拿破崙‧希爾的辦公室工作。他在信中夾了一張嶄新的從未折疊過的 10 元新鈔。這封信的內容是這樣寫道:

「我剛剛從一家第一流的商學院畢業,希望能進入你的辦公室服務。因為我了解到,一個剛剛展開他的商業生涯的年輕小夥子,能夠幸運地在像你這樣的人的指揮下從事工作,實在太有價值了。

隨函附上的 10 元鈔票,足以償付你給我第一週指示所花的時間,我希望你能收下這張鈔票。在第一個月裡,我願意免費替你工作,然後,你可以根據我的表現,而決定我的薪水。我希望能獲得這項工作,渴望的程度,超過我一生當中

對任何事情的熱望，為了獲得這項工作，我願意作任何合理的犧牲。」

這位年輕人終於進入拿破崙・希爾的辦公室工作了。他的想像力，使他獲得了他所希望得到的機會。在他工作的第一個月即將屆滿時，一家人壽保險公司的總裁知道了這件事，立即請這位年輕人去當他的私人祕書，薪水相當高。今天，他已是世界上最大一家人壽保險公司的重要幹部。

第四章　思考是創造非凡的智慧

第五章
人生收穫來自正確的思考

第五章　人生收穫來自正確的思考

人生就是一場取與捨的權衡和抉擇

取捨是上帝賦予每一個人的權力，什麼樣的取捨決定什麼樣的生活。

人生乃是由無數次的取捨所構成的。不同的取捨，構成不同的人生。

有三個不同國籍的人要被關進監獄三年，監獄長答應滿足他們每個人一個要求。

美國人愛抽雪茄，要了三箱雪茄。法國人最浪漫，要了一個美麗的女子相伴。而猶太人說，他要一部與外界溝通的電話。

三年過後，第一個衝出來的是美國人，嘴裡鼻孔裡塞滿了雪茄，大喊道：「給我火，給我火！」原來他忘了要火。接著出來的是法國人。只見他手裡抱著一個小孩子，美麗女子手裡拉著一個小孩子，肚子裡還懷著第三個。最後出來的是猶太人，他緊緊握住監獄長的手說：「這三年來我每天與外界聯繫，我的生意不但沒有停頓，反而增長了 200%，為了表示感謝，我送你一輛凱迪拉克！」

這個故事告訴我們：什麼樣的取捨決定什麼樣的生活。取捨是人類一種天賦的能力，不需要有特殊資質，更不只是有錢有勢的人才能運用取捨獲得成功。它不分貧富、貴賤，不分出身，它是每一個人與生俱來的重要能力之一。

如果我們能夠正視這種力量的存在，並且加以運用，我們的生活就能夠完全改觀，生活就完全可以合乎我們自己的理想。合宜的取捨能化失敗為成功、化怯懦為自信、化浮躁為冷靜、化不安為穩定，它能使我們受傷的心靈得以安寧，能使我們脆弱不堪的生命重獲生機，變得美滿快樂。

有得必有失：選擇就意味著放棄

放棄，也有積極放棄與消極放棄之分。積極的放棄，是為了明天更好地生活。

人之一生，不可能什麼東西都能得到，總有可惜的事情，總有需要放棄的東西。不會放棄，就會變得極端貪婪，結果什麼東西都得不到。放棄今天的舒適，努力「充電」學習，是為了明天更好地生活。若是一味留戀今天的悠閒生活，有可能明天你將整天地哭泣。學會放棄，可以使你輕裝前進，能夠攀登人生更高的山峰。

一頭毛驢站在兩堆數量、重量和與牠的距離完全相等的乾草之間。牠雖然享有充分的選擇自由，但由於兩堆乾草的價值絕對相等，客觀上無法分辨優劣，也就無法分清究竟選擇哪一堆好，於是牠始終站在原地不能舉步，結果只好活活餓死。

毛驢的困惑和悲劇也常折磨著人類，特別是一些缺乏社會閱歷的年輕人。

第五章　人生收穫來自正確的思考

　　劍橋大學的某位教授說：「選擇意味著放棄，意味著負責。一個人如果擁有較優越的現實條件，就代表他面臨更為廣闊的選擇空間；而可供選擇的目標越多，那麼在他做出決策之前，其內心的矛盾衝突也就越多。」

　　無論何種「衝突」，其實質都是要在兩種或多種方案中做出唯一的選擇。這種高負荷的思維總是伴著緊張、焦慮、煩躁、不安等負面情緒，特別是當我們面臨人生的重大抉擇時，這樣的情緒會更強烈、更深刻、更持久。一旦做出了選擇，這種煩躁不安的情緒也會隨之結束。

　　如果不能果斷的抉擇，你將受到焦躁情緒的侵擾；更為可怕的是，如果不能堅決地放棄，便有可能造成致命的錯誤。

　　非洲土人用一種奇特的狩獵方法捕捉狒狒：在一個固定的小木盒裡面，裝上狒狒愛吃的堅果，盒子上開一個小口，剛好夠狒狒的前爪伸進去，狒狒一旦抓住堅果，爪子就抽不出來了，人們常常用這種方法捉到狒狒。因為狒狒有一種習性，不肯放下已經到手的東西。

　　人們總會嘲笑狒狒的愚蠢：為什麼不鬆開爪子放下堅果逃命？但審視一下我們自己，也許就會發現，並不是只有狒狒才會犯這樣的錯誤。

　　因為放不下到手的職務、待遇，有些人整天東奔西跑，荒廢了正當的工作；因為放不下誘人的錢財，有人費盡心

思，結果常常作繭自縛；因為放不下對權力的占有欲，有些人熱衷於溜鬚拍馬、行賄受賄，不惜丟掉人格的尊嚴，一旦事情敗露，後悔莫及。

生命如舟，生命之舟載不動太多的物慾和虛榮，要想使之在抵達彼岸時不在中途擱淺或沉沒，就必須輕載，只取需要的東西，把那些應該放下的「堅果」果斷地放下。

同時追兩隻兔子的人，一隻也得不到

你只能選擇一個目標，如果你什麼都想得到，那麼，結果往往是你什麼也得不到。

有一個農夫，既有房子也有地，生活十分富裕。有一次，他花錢雇了一條狗，幫他防止流浪的乞丐闖進院子，還要幫他烘烤麵包，天天給他澆灌和收拾菜園。

那狗謀得了職業，盡力想把工作做好。

這時候，農夫去趕集，等他回家一看，菜園沒有收拾，麵包也沒有烘烤，而更叫他惱火的是，小偷爬進了院子，把倉房偷了個精光。

農夫哇啦哇啦地痛罵那隻狗。對於每一樁過失，狗都有一番辯解：為了收拾白菜的苗床，牠把烤麵包的事放下了；收拾菜園吧，可是又到了看守院子的時候了；至於錯過小偷的那一刻，正好趕上牠想去烤麵包。

第五章　人生收穫來自正確的思考

其實每個人都應該找到適合自己的位置，認真做好自己分內的事，不可半途而廢，也不可一心二用。只有全力以赴，才可能取得滿意的效果。

在平時的工作中，即使業務再忙，文件堆積如山，仍需一一完成。若想一次完成，結果必定一件事都做不好。將目標縮減為一，達成一個目標，再處理下一個目標，循序漸進，工作必獲佳績。

為了懲罰一個違反了戒律的教徒，主教列出了三種處罰的方式讓他自己選擇：第一種是罰款 100 元，第二種是吊在樹上兩個時辰，第三種是吃 50 個辣椒。

那個人想：還是吃辣椒划算，既不破財，也不痛苦。於是他選擇了第三種。他拿起辣椒吃起來，剛吃了幾個感覺還可以，當他吃到第 10 個時，他感覺到嘴裡火辣辣的痛，心裡像燒著一團火，他難受極了。他又勉強吃了 10 個，但實在堅持不下去了，他流著淚說：「我再也不吃這要命的辣椒了。我寧願被吊起來。」

他又被一條結實的繩子吊了起來，不一會兒，他就感覺頭暈目眩，渾身像是被砍了下來一樣，繩子勒進了肉裡，痛得他大聲叫起來，他再也不想為了 100 元錢而受這個罪了，他高聲地叫道：「快放我下來，我要選擇第一種方式，我情願被罰 100 元錢。」

他轉了一圈，折磨也受了，最後依然沒有逃脫罰款的下場。如果他一開始就能想到選擇第一種方式，就不必再去嘗試另外的痛苦，也就不會受兩種罪了。

有時我們面對眾多選擇時，我們只能選擇一個。劍橋大學的教授指出：只要把你選擇的這一個做好、經營好，就是最大的收穫，當你什麼都想選擇時，結果往往是你什麼也得不到。

要想取得多少，那就先付出多少

沒有耕耘，就沒有收穫。一個人獲得的多少與他付出的多少總是成正比的。

某一大雨天的下午，有位老婦人走進匹茲堡的一家百貨公司，漫無目的地在公司內閒逛，很顯然是一副不打算買東西的態度。大多數的售貨員只對她瞧上一眼，然後就自顧自地忙著整理貨架上的商品，以避免這位老太太麻煩他們。可是，其中有一位年輕男店員看到了她，立刻主動地向她打招呼，很有禮貌地問她，是否需要他服務。這位老太太對他說，她只是進來躲雨罷了，並不打算買任何東西。這位年輕人安慰她說，即使如此，她仍然很受歡迎。他還和她聊天，以顯示他確實歡迎她。當她離去時，這名年輕人還陪她到街上，替她把傘撐開。這位老太太向這名年輕人要了一張名片，然後逕自走開了。

第五章　人生收穫來自正確的思考

　　後來，這位年輕人完全忘了這件事。但是，有一天，他突然被公司老闆召到辦公室去，老闆向他出示一封信，是那位老太太寫來的。這位老太太要求這家百貨公司派一名銷售員前往蘇格蘭，代表該公司接下裝潢一所豪華住宅的工作。

　　這位老太太就是美國鋼鐵大王卡內基的母親，她也就是這位年輕店員在幾個月前很有禮貌地護送到街上的那位老太太。

　　在這封信中，老太太特別指定這名年輕人代表公司去接受這項工作。這項工作的交易金額數目巨大。這名年輕人如果不是好心地接待這位不想買東西的老太太，那麼，他將永遠不會獲得這個極佳的晉升機會了。

　　有一句俗語說：「種瓜得瓜，種豆得豆。」你如果幫了別人的忙，你將會得到別人更大的幫助。你對人熱情，別人也對你熱情。如果你是一位營業員，整天一副苦瓜臉，對顧客的詢問愛理不理，這樣就把銷售機會一個又一個地丟掉了，也許丟掉的還不止這些，比如還丟掉了別人對你的信任。如果你是一位坐辦公室的幹部，你對每個來訪的人都熱情接待，說不定有一天，其中一位來訪者成了你們單位第一把手，那麼你的晉升機會就來了。因此可以說，每個來訪者對你來說都意味著一個機會，請你好好把握。

　　當然，你有權利不公平地對待其他人。但你這種不公平的態度將會使你「自食其果」。而且，更進一步說，你的每

一種思想產生的後果都會回報到你身上。

己所不欲，勿施於人。對他人採取一項友好的行為，或者提供有益的服務，那麼，他也將對你提供相似的友好服務。這即所謂的善有善報，惡有惡報。將心比心，以心換心。如果你對人誠實，他人就會對你信任。

希望一切美好品德都成為你的個性的力量，把這些力量散發出來，你會得到豐厚的回報。

道理很簡單：你樂意借給別人錢，那麼當你需要得到幫助的時候，別人也會盡力幫助你。你待人不薄，別人則知恩圖報。俗話說：「滴水之恩，當湧泉相報。」生活中這樣的例子很多。

更深一層的意思是：在你給予的同時，你會產生精神的富足感。就好像老師一樣，他拚命地把他所有的知識全部灌輸給學生，他的知識會愈來愈貧乏嗎？剛好相反，「教學相長」，他的經驗會越來越豐富。在他教導別人的同時，一定會有新的領悟。絕不會說教完了，自己的技藝就全沒有了。

劍橋大學的教授們總是教育學生：「沒有耕耘，就沒有收穫。」一個人獲得的多少與他付出的多少總是成正比的。所以，做人首先要付出，只有這樣，才會有好的人緣，也只有這樣，才會在物質和精神上有更多的收穫。

第五章　人生收穫來自正確的思考

很多時候，失去就是另一種獲得

　　人生哪有只得不失的道理，要正確對待你的失去。失去才能得到，有時失去也就是一種獲得。

　　執著地對待生活，緊緊地掌握生活，但又不能抓得過死，鬆不開手。人生這枚硬幣，其反面正是那悖論的另一要旨：我們必須接受「失去」，學會放棄。

　　對善於享受簡單和快樂的人來說，人生的心態只在於進退適時、取捨得當。因為生活本身即是一種悖論：一方面，它讓我們依戀生活的饋贈；另一方面，又注定了我們對這些禮物最終的捨棄。正如先師們所說：人生在世，緊握拳頭而來，平攤兩手而去。

　　人生是如此的神奇，這神靈的土地，分分寸寸都潤於美之中，我們當然要緊緊地抓住它。然而這一點，又常常只是在回顧往昔的時候才為人覺察，可是一旦覺察，那美好的時光已是一去不復返了。凋謝了的美，逝去了的愛，銘記在我們的心中。生活的饋贈是珍貴的，只是我們對此留心甚少。虔誠地恭候每一個黎明吧！擁抱每一個小時，抓住寶貴的每一分鐘！

　　這種教誨卻是不易領受的，尤其當我們正年輕的時候，滿以為這個世界將會聽從我們的使喚，滿以為我們用全身心的投入所追求的事業都一定會成功。而生活的現實仍是按部

就班地走到我們的面前。

我們在經受「失去」中逐漸成長，經過人生的每一個階段，我們是在失去娘胎的保護時才來到這個世界上，開始獨立的生活；而後又要進入一系列的學校學習，離開父母和充滿童年回憶的家庭；結了婚，有了孩子，等孩子長大了，又只能看著他們遠走高飛。我們要面臨雙親的謝世和配偶的亡故；面對自己精力逐漸的衰退；最後，我們必須面對不可避免的自身死亡，我們過去的一切生活，生活中的一切夢都將化為烏有！

但是，我們為何要屈服於生活的這種自相矛盾的要求呢？明明知道不能將美永久保持，可我們為何還要去造就美好的事物呢？我們知道自己所愛的人早已不可企及，可為何還要使自己的心充滿愛戀呢？

要解開這個悖論，必須尋求一種更為寬廣的視野，透過通往永恆的窗口來審度我們的人生。一旦如此，我們即可醒悟：學會放棄。要捨得放棄，要正確對待你的失去，失去才能得到，有時失去也就是一種獲得。

只有放棄了假、惡、醜，你才能得到真、善、美。

人生絕不僅僅是一種作為生物的存活，它是一些莫測的變幻，也是一股不息的奔流。我們建造的東西將會留存久遠，我們自身也將透過它們得以久遠的生存。我們所選就的美，並不會隨我們的湮沒而泯滅，我們的雙手會枯萎，我們

的肉體會消亡，然而我們所創造的真、善、美則將與時俱在，永存而不朽。

棄所必捨，是人生的一種練達和境界

明智的捨棄，實際上是一個人求進取、求發展的前提。捨棄的前面將現出更美麗的前景。

能否捨棄人生路上必須捨棄的東西，這或許是衡量一個人是否成熟、是否具有智慧的一個重要標準。

因為只有當一個人能夠冷靜而準確地認知自己、認識環境，能夠理性、客觀地規劃自己的理想與生活的時候，他才敢捨棄，他才能夠捨棄。

我們從兒時開始接受的教誨便是：人的一生要不斷地努力、奮鬥，不停地進取。久而久之，這也就自然而然地形成了一種近乎本能的思維模式、一種必須遵從的行為準則。然而，不斷地奮鬥與進取之後，多少人真正感到了充實、慰藉和幸福？或者說得到了真正的滿足？實際上，失落、悵惘、空虛與困惑仍然纏繞著「孜孜以求」的人們，讓人大有人生不能如願的感喟。

其實，人生不僅需要進取，還要學會捨棄。要學會捨棄，首先要明白捨棄之中的大奧妙。

人生需要捨棄什麼？具體說來，大約有三點：

❖ **捨棄自己力不能及的目標**：人的欲望大多是無限的，但人的能力卻是有限的。超出自己實際能力的宏圖大志、沖天抱負，給人帶來的不只是力不從心的重負和壯志未酬的遺憾，更重要的是耗費了一個人能夠成就事業的精力。

❖ **捨棄現實生活中千奇百怪的誘惑**：聲色犬馬、燈紅酒綠、紙醉金迷……各式各樣的享受在現代文明中不斷對人施展著各式各樣的誘惑。人，一旦為了享受而鑽營，甚至不擇手段，那麼，耗費的不僅是精力，而且難免會在膚淺的享受之中遠離人生的大志向，甚至與自己真正需要的人生幸福背道而馳。

❖ **捨棄現世的功利標準下的成敗得失**：當人們斤斤計較於蠅頭小利，與身邊的人大爭一日之短長、論一時之高低的時候，人們的眼界、思維與胸懷實際上已受到極大的限制。匍匐於現世的功利標準往往會造成兩種心態：一種是對別人成功的模仿與追逐，另一種就是未能如願以償時生出的各式各樣的嫉妒心。前者決定了一個人不會有新的創造，後者常常無損於別人卻將自己置於痛苦之中。兩者不但不會使人昇華，而且會使人變得平庸。

劍橋教授說：明智的捨棄，實際上是一個人求進取、求發展的前提。一個人只有知道自己不能做什麼，捨棄那些不

切實際的追求，才能把有限的精力集中到自己能夠成功的事業上。當一個人不為世俗的微功小利煞費心機、嘔心瀝血的時候，他才有可能認真思考自己真正需要的一切，他才有可能避開身邊無謂的爭鬥和紛擾而積蓄起屬於自己的能量。

在現實生活中，富有膽識的捨棄，說到底是讓人最大程度地屬於自己，屬於自己的理想與追求，不被現實生活中那些阻礙自己人生目標的力量所驅使，所異化。人必須擁有智慧，而智慧，要以心靈的自由為前提。心靈是最該屬於自己的，而它又是最難屬於自己的，因為身為社會人，太難掙脫社會給予人的種種束縛了。而許多束縛，又恰恰是人們在為掙脫這種束縛時加倍給予自己的。

不解捨棄之妙時，人就難以擺脫狹隘、苦悶、浮躁、淺薄和被動；而當人真正能夠走入「捨棄」的境界時，他的眼前就是一個別樣的世界。他會在這個別樣的世界裡一展身手，創造出人生的輝煌。

第六章
成功屬於樂於思考的人

第六章　成功屬於樂於思考的人

智和勇是成功者的左膀右臂

　　一個成功的行動，就是由智和勇共同組成的，兩者缺一，結果就會走向反面。

　　一位遊客在南非狩獵，一匹狼被他追到了一個「丁」字路口，正前方是迎麵包圍過來的嚮導，他也端著槍對著狼，狼夾在了中間。在這種情況下，狼本可以選擇岔道逃掉，可牠沒有那麼做，而是迎著嚮導的槍口撲過去，奪路而逃。當時他非常不明白，狼為什麼不選擇岔道奪路而逃，難道那條岔路比嚮導的槍口更危險嗎？嚮導向他解釋說：「狼是一種非常聰明的動物，牠們知道只要奪路成功，就有生的希望，而選擇沒有獵槍的岔道，必定死路一條。因為那條看似平坦的路上必有陷阱。這是牠們在長期與獵人的鬥爭中悟出的道理。」

　　狼在生死攸關的時刻是智慧和勇氣救了牠的命，智慧使牠不去選擇必定是死路一條的岔道逃跑，勇氣讓牠選擇了槍口。智和勇本來就是一個不可分割的成功因素。有智無勇，和有勇無謀的結果都一樣，那就是失敗。智慧可以讓你看透事物的本質，找到解決問題的辦法；勇氣會幫你去改變處境，解決問題。如果你很善於發現事物的本質，並且有很多點子，但卻沒有勇氣去執行，去行動，那充其量你也不過只會誇誇其談，有智無勇。但如果你只知一味去冒險、去行動，根本不知道辦法，那叫莽撞，結果同樣是失敗。所以，

智和勇對於成功者來說是缺一不可。

日本松下電器董事長松下幸之助早年曾在大阪電燈公司工作。他對電燈泡著了迷，為了改進電燈燈頭的構造，不惜傾資從事改良的工作，並組成了松下電器公司。不巧公司成立之初，恰遇經濟危機，市場疲軟，銷售困難。怎樣才能使公司擺脫困境、轉危為安？松下幸之助權衡再三，決定一不做、二不休，拿出一萬個電燈泡作為宣傳之用，藉以打開燈泡的銷路。

燈泡必須備有電源，方能產生作用。為此，松下親自前往拜訪岡田乾電池公司的董事長，希望雙方合作進行產品的宣傳，並免費贈送一萬個乾電池。一向豪邁爽直的岡田聽了此言，也不禁大吃一驚，因為這顯然是一種違背常理的冒險。但松下誠摯、果敢的態度實在感人，岡田終於答應了他的請求。松下公司的電燈泡搭配上岡田公司的乾電池，發揮了最佳的宣傳效用。很快地，電燈泡的銷路直線上升，乾電池的訂單也雪片般飛來；初創的松下電器公司非但沒有倒閉，反而從此名聲大振，業務興隆。

智慧中隱藏著催生勇氣的力量，智靠勇來表達和實現，如果沒有松下那「拿出一萬個電燈泡做宣傳」的智慧中蘊藏的勇氣，就沒有松下親自拜訪岡田乾電池公司董事長的行動。這一行動，往往是智勇共同作用的結果。一個成功的行動，就是由智和勇共同組成的，兩者缺一，結果就會走向反面。

第六章　成功屬於樂於思考的人

智慧只屬於樂於思考的人

　　人重要的是學會思考，只有會思考，才會有智慧。智慧只屬於會思考的人。

　　一個炎熱的早晨，離大河口不遠，一頭水牛正在大樹下休息。

　　這時飛來一隻陽雀，落在一棵樹上，親熱地同水牛打招呼。

　　水牛樂了：「你喝水也值得到大河來，隨便一滴水不就夠了嗎？」

　　陽雀卻笑著說：「你這樣想嗎？我喝水比你喝得多呢！」

　　水牛哈哈大笑：「怎麼會呢？」

　　陽雀說：「我們試試看，你先來。」牠知道馬上就要漲潮了。

　　水牛伏在河邊，張開大口，用力喝起來，可不管牠喝多少，河裡的水不但不少，反而多了起來。

　　水牛肚子鼓鼓的，已經喝不下去了。

　　這時陽雀飛過來，把嘴伸進水中。

　　退潮了，陽雀追著去喝。水牛傷心地說：「你個頭不大，水卻喝得不少。」

　　「你服了吧？」陽雀笑著問水牛，然後振翅飛走了。

留下大水牛呆呆地望著河水，牠怎麼也想不明白，為什麼會是這樣。

機靈的小陽雀，可憐的大水牛。

很多時候，人是不能只憑外表來判斷事物的優劣的。那些貌似強大的人，如果不會用腦子，遇到問題只知道蠻幹，也是空有一身的力氣。有些人雖然貌不驚人，做起事情來卻能夠用心去分析、判斷，考慮周到。在對局中自然會取得勝利。

中國有個傳說，兩界山曾經鎮壓過齊天大聖孫悟空，後來孫悟空修成正果，人們就在這裡立了個齊天大聖廟，香火極為旺盛。有一隻猴子，偷偷地跑到廟裡，把齊天大聖的泥塑像搬開，自己坐在上面，接受人們的香火，吃著人們供奉的鮮果。猴子常常溜出來，把人們虔誠的懺悔和懇切的乞求當作笑柄，告訴牠的同伴們。

同伴們說：「你敢長期待下去嗎？」

「怎麼不敢！」這隻猴子說：「泥塑的齊天大聖怎能比得上我呢？那只不過是一尊泥像，而我才是一隻真正的猴子！」

「人們常常在山裡捕捉我們，可是他們竟心甘情願地向你磕頭，這事真不可理解。」

「這有什麼！」這個冒充的齊天大聖說：「人就有這樣的一種特性，只要誰坐在神的寶座上，他們就對誰膜拜，哪管

111

我是不是一隻猴子呢？」

　　愚人與智者的分別之一便是前者遇事不經分析，只看現象和表面，只知道跟著別人走；後者是看到現象和表面之後，由表及裡加上自己的看法和判斷，走自己選擇的路。

　　追鹿的獵人，是看不見山的；捕魚的漁夫，是看不見水的。眼中只有鹿和魚的人，不能看到真正的山水；眼中只看到偶像的人，永遠找不到自我真實的性靈。

　　那隻冒充齊天大聖的猴子正是抓住了人們這種盲目崇拜的心理，達到了牠的目的。

　　人重要的是學會思考，只有會思考，才會有智慧。

善於動腦，問題就會迎刃而解

　　快樂而成功的人生總是垂青那些有智慧的人，而遠離魯莽的人。

　　有一個律師得了重病，已經無藥可救，而唯一的獨生子此刻又遠在異鄉，不能及時趕回來。

　　當他知道自己死期將近時，怕僕人侵占財產，便立下了一份令人不解的遺囑：「我的兒子僅可從財產中選擇一項，其餘的皆送給我的僕人。」

　　律師死後，僕人便高高興興地拿著遺囑去尋找主人的兒子。

律師的兒子看完了遺囑，想了一想，就對僕人說：「我決定選擇一樣，就是你。」這樣，聰明的兒子立刻得到了父親所有的財產。

很多事情，只要略微動一下腦筋，問題就會迎刃而解。

我們每個人都面臨這個複雜而又多彩的世界，在這個充滿變數並且競爭激烈，幾近殘酷的世界裡，我們要學會比別人跑得快，因為這會成為決定成功與失敗的關鍵。而有些人盲目地識錯目標，在做事之前，不能保持高度的清醒，結果會走錯方向，用錯幹勁。到頭來，只能落得個功虧一簣、一事無成的下場，因此，我們在做每件事前，都要想想事情的原委，認真地策劃，儘快找出捷徑，確保不出現疏忽和漏洞，使自己不至於走錯方向。

劍橋大學某位教授是這樣說的：「人類的整體智慧水準相對於個人的想法而言，常常具有一種趨同性，而許多成功人士恰恰從這相同或相似的想法中跳出來，尋求新的出路。因為他們善於開動腦筋，會精心策劃，從而會發現富有啟迪意義的現象。」

從前，有一個雲遊天下的僧人，來到一個地方，聽說前方有一戶人家，從來不許人借宿，他決定一定要去借宿一夜。

天黑下來以後，這個遊僧就走進了這戶人家。這時，他突然變成了一個「聾子」。在互相致意之後，主人急忙給他

燒了茶，招待他吃了飯，然後打著手勢對他說：

「吃了飯早點動身吧，我們家是不能過夜的。」

遊僧佯裝不懂，只是瞪大眼睛看。主人用手指指門，再次請他出去。「好，好。」遊僧好像懂了。一邊說著，一邊大步走到門外，把包裹拖了進來，放在西北角的櫃子前。主人又作了一個背上包裹快走的手勢，游僧立即跳了起來，舉起包裹放在櫃子上面，嘴上說：「這倒也是，裡面可全是經書啊！」主人又反覆比劃，要他走，他卻點點頭，說：「沒有小孩好，不會亂拿東西。嗯，我把兩根木棍插在捆包裹的粗繩上了。」人家說東，他就說西，弄得主人哭笑不得，最後沒法，只得留他過了一夜。

只要善於動腦筋就會做出別人做不到的事，只要善於動腦筋，才能解決問題，消除困境。

林肯與道格拉斯共同競選伊利諾州參議員，二人因此成了冤家。

二人約定從斯普林菲爾德出發，開始一場競選辯論。在出發的前一天，他們共同到當地教堂去做禮拜。道格拉斯是當時美國第一流政治紅人。牧師為了討好道格拉斯，先請他上臺布道。道格拉斯一上臺就利用機會轉彎抹角地把林肯挖苦一番。最後，他仍然想「指揮」一下林肯，戲劇性地說：「女士們，先生們，凡不願去地獄的人，請你們站起來吧！」

全場的人都站了起來，只有林肯坐在最後一排不站起來。道格拉斯忙說：「林肯先生，那麼你打算到哪裡去呢？」

林肯仍然坐著，不慌不忙地說：「道格拉斯先生，我本來不準備發言的，但現在你一定要我回答，那麼，我只能告訴你，我打算去國會。」

全場大笑。

善於動腦筋，林肯化被動為主動，反戈一擊，使道格拉斯尷尬得難以下臺。

快樂而成功的人生總是垂青那些有智慧的人，而遠離魯莽的人。

學會處處尋找致勝的機智

機智對一個人來說太重要了，它能給你提供智慧的密碼。因此，你應該學會處處尋找致勝的機智。

邱吉爾有一個習慣，休息的時候，經常爬進熱氣騰騰的浴缸中去洗澡，然後裸著身體在浴室裡來回踱步。

第二次世界大戰期間，邱吉爾來到華盛頓會見當時的美國總統富蘭克林‧羅斯福，要求美國共同抗擊德國法西斯，並給予物資援助。邱吉爾受到熱情接待，被安排住進白宮。

一天早晨，邱吉爾洗完澡，在白宮的浴室裡正光著身子在那裡踱步時，有人敲浴室的門。

第六章　成功屬於樂於思考的人

「進來吧，進來吧。」丘吉爾大聲喊道。

門一打開，出現在門口的是美國總統羅斯福。他看到邱吉爾一絲不掛，便轉身想退出去。

「進來吧，總統先生！」邱吉爾伸出雙臂，大聲呼喚，「大不列顛首相是沒有什麼東西需要對美國總統隱瞞的。」說完兩人哈哈大笑起來。

邱吉爾的機智不僅消除了窘境，還為以後的談判營造一個坦率輕鬆的氣氛，最終獲得了談判的成功，英國得到美國的援助。可以設想，如果沒有邱吉爾的那句話，或許將是另外一種結果！機智對一個人來說太重要了，它能給你提供智慧的密碼。因此，你應該學會處處尋找致勝的機智。

誰能夠精確地估算出由於缺乏機智而導致的損失呢？—— 那些人生旅途上的跌跌撞撞、磕磕碰碰，那些生活中的彎路和陷阱，那些跌倒後的辛酸、苦澀與困惑，那些由於人們不知道怎樣在合適的時間做合適的事情而導致的致命錯誤！你經常可以看到蓬勃洋溢的才華被無謂地浪費，或者是得不到有效地利用，因為這些才華的擁有者缺乏這種被我們稱之「機智」的微妙品質。

或許你接受過高深的大學教育，或許你在自己的專業領域受到過最尖端的訓練，或許你在自己所從事的行業是一個真正的天才，你仍可能在這個世界上鬱鬱不得志或是難展宏

圖。但是，一旦你能夠在原有才能的基礎上增加機智，你將驚奇地發現前途是多麼坦蕩光明，而你在發展自己的事業時又是多麼得心應手。

不管一個人是多麼才華橫溢，天資過人，如果他缺乏足夠的機智來對才華和天資進行有效的引導，如果他不能夠在適當的時間說適當的話，做適當的事，那麼他還是無法有效地施展和運用自身的才華。

某位先生儘管極具才幹，並過著刻苦努力的生活，然而，由於個性中缺乏機智這種卓越的品德，他的努力幾乎完全付諸東流。他好像永遠都無法與他人和平共處。儘管除了機智之外，他似乎具備成為一個傑出人物，成為一個領導者的全部品德。然而正是這一不足構成了他的致命缺陷，使得他的生活波折重重、坎坷頗多。他總是做那些不該做的事，說那些不該說的話，並在無意之中傷害他人的感情，所有的這一切都抵消了他的刻苦努力所取得的結果，使得其他的努力變得毫無意義，因為在他的頭腦裡壓根就沒有「機智」這樣一個概念。他一直都在不斷地得罪和冒犯他人。

你處處都可以看到這樣一些人，他們僅僅因為不能主動尋找致勝的契機而備受挫折，遭受友誼、客戶和金錢方面的巨大損失，他們所付出的代價是極其慘重的。由於缺乏機智，商人因此流失了自己的顧客；律師因此而失去了富有的

客戶；醫生則因此病人驟減、門庭冷落；編輯為此犧牲了訂戶；牧師則喪失了他在講道壇上的說服力和在公眾心目中的崇高形象；教師在學生中的地位為此一落千丈；政治家也為此失去民眾的支持和信任。

「一個機智靈活的人不僅能夠最大限度地利用他所知道的一切事物，而且能夠巧妙地利用許多他所不了解的事物，透過熟練圓滑的技巧，他可以機敏地掩飾自己的無知，並比一個企圖展示自己博學的老學究更能贏得人們的尊敬。」

在歷史上，借助於機智成就大事者不勝枚舉。以林肯為例，機智使他得以從內戰期間無數不利的困境中解脫出來。事實上，如果缺乏這一重要因素的話，美國內戰的結果很可能會完全改變。

「在運用機智和謀略的過程中，幽默始終在發生著作用，幽默還會滋養我們的心靈。很多時候，我們在想到那些靈巧高明的技法時，情不自禁地想笑，這些技法在日後總是被證明為恰當的。在機智地運用謀略時，並不需要任何欺騙，我們所需做的就是展示一種正確的誘導，從而最有效地吸引和說服那些尚在徘徊觀望的人。應該說，這種在恰當的時間內把應該完成的事情處理好的技巧是一種藝術。」

有人曾經說過：「每一條魚都有牠的釣餌。」正如任何魚都有牠的釣餌一樣，只要我們具備足夠的機智，就可以在

任何人身上找到突破的地方，從而接近他們，不管他們是如何地怪僻乖戾，如何地難以靠近。

大智慧有時顯得「愚不可及」

「大智若愚」，其實在若愚的背後，隱含的是大智慧、大聰明。

阿呆在大家眼裡是個弱智的小孩。在班裡，他的成績倒數第一。每天放學後值日生整理衛生，他都會主動留下來幫忙倒垃圾。更妙的是，白天上課，每隔兩節課，他就會把擦黑板的布拿去認真沖洗。於是，大家都把他看成是弱智，動不動就指使他幹活、跑腿。可他每次都樂呵呵的，毫無怨言。

阿呆總是微笑著，並以純真的眼光看別人。有一次，老師出了一個腦筋急轉彎，她問同學們：「世界上最貴的蛋是什麼蛋？」

有人回答說是臉蛋，有人回答說是原子「彈」，有人回答說是金蛋。這時，阿呆也舉手發言，高興地說：「是笨蛋，因為大家都叫我笨蛋！」

聽了他的話，同學們哄堂大笑，可老師卻沒有笑，她走過去撫摸著阿呆的腦袋說：「是的，你最貴！」

阿呆的母親每天放學後都會騎摩托車到校門口接他。一

第六章　成功屬於樂於思考的人

個下雨的傍晚，在回家的路上，阿呆看見一位自己艱難步行回家的同學，他知道這個同學的家離學校較遠，就央求媽媽載運這位同學回家，可惜摩托車後座上裝了個鐵籠子，無法再多載另一個人！

回家後，忙著做飯的媽媽，忽然隱隱約約聽見門外有一陣奇怪的聲音，急忙出門一看，原來是阿呆正滿頭大汗地用鉗子拆鐵籠子……媽媽深深地嘆了口氣，但眼裡卻湧出了淚花。美好的生活缺的就是這種只知道付出的愚者。阿呆愚笨嗎？

其實「大智若愚」。若愚非真愚，大智若愚的人給人的印象是：虛懷若谷，寬厚敦和，不露鋒芒，甚至有點木訥。其實在若愚的背後，隱含的是大智慧、大聰明。

中國古代哲人孔子就欣賞「愚」。他曾讚揚揚寧武子這個人「其愚不可及」。他說：「寧武子在國家安定時是一個聰明的人，在國家動亂時是一個糊塗的人。他聰明的一面，別人趕得上；那糊塗的一面，別人無法趕上！」

寧武子，姓寧，名劍，謚號為「武」，很有才華。國家政治清明，寧武子主動貢獻自己的才智，表現了一種政治家的聰明和睿智；而當政治昏暗，國君無道時，假裝糊塗，明哲保身，逃過劫難。所以孔子稱他：裝傻的幹勁別人趕不上（愚不可及），其實是說他有大智慧。

「愚」不可及，是指有智慧的人的「愚」與沒有智慧的人的「愚」有些時候難以區分。在國家政治黑暗時，有智慧的人的「裝糊塗」和意志薄弱者的軟弱甚至賣身求榮者的投敵變節都是不好掌握的，後者可以說是一時糊塗而成千古恨。即便如此，他們的「糊塗」和有智慧的人的「裝糊塗」有著本質的不同，有智慧的人的裝糊塗，雖有明哲保身的意思，但決沒有出賣原則更不會有賣身求榮的行為。這就是有智慧的人的「愚不可及」。

在小事上糊塗，在大事上清醒

大智若愚，從一個角度來說，也可理解為小事愚，大事明，對於個人來說是一種很高的修養。

現實人生確實有許多事不能太認真，太較勁。特別是涉及到人際關係，錯綜複雜，盤根錯節，太認真，不是扯著手臂，就是動了筋骨，越搞越複雜，越攪越亂乎。

順其自然，裝一次糊塗，不喪失原則和人格；或為了社會，為了長遠，哪怕暫時忍一忍，受點委屈，也值得，心中有數（樹），就不是荒山。有時候，事情逼到了那個份上，就玩一次智慧，表面上給他人個「模糊數學」，讓他人丈二和尚摸不著頭腦，也是「難得糊塗」。評職、晉級時，某候選人向你面授機宜，討你個「民意」，你明知道他不夠格，可

又不好當面掃他的興，這時候你該怎麼辦？不哼不哈，或嘻嘻哈哈，劃「○」時再認真，不失原則；人格哪，似乎也不失，當事人問到了，坦誠指出他不夠格的地方，不問，順其便。「難得糊塗」是既可免去不必要的人事糾紛，又能保持人格純淨的妙方。「難得糊塗？作為「牢騷氣」，原本就是由「不公平」而發的。世道不公，人事不公，待遇不公，要想剷除種種不公，又不可能，或自己無能，那就只能祭起這面「糊塗主義」的旗幟，為自己遮蓋起心中的不平。假如能像濟公那樣任人說他瘋，笑他癲，而他本人則毫不介意，照樣酒肉穿腸過，「哪裡有不平哪有我」，專撿達官顯貴「開涮」，專替窮苦人、弱者尋公道，我行我素，自得其樂。這種癲狂，半醒半醉，亦醉亦醒，也不失為一種「糊塗」，這種糊塗真正是「參透」、「悟」透了。人一生不應對什麼事都斤斤計較，該糊塗時糊塗，該聰明時聰明。有句成語「呂端大事不糊塗」，說的正是小事裝糊塗，不耍小聰明，而在關鍵時刻，才表現出大智大謀。中國古代這樣的例子很多。

　　宋代宰相韓琦以品性端莊著稱，遵循著得饒人處且饒人的生活準則，從來不曾因為有膽量而被人稱許過，可是在下面兩件事上的神通廣大，實在是沒有第二個人，這才是「真人不露相」的註腳。對於這樣的老好人誰會防範呢？他因此而得以在無聲無息中做了這兩件大事：

在小事上糊塗，在大事上清醒

當宋英宗剛過世的時候，朝臣急忙召太子進宮，太子還沒到，英宗的手又動了一下，宰相曾公亮嚇了一跳，急忙告訴宰相韓琦，想停下來不再去召太子進宮。韓琦拒絕說：「先帝要是再活過來，就是一位太上皇。」韓琦越發催促人們召太子，從而避免了權力之爭。

擔任入內都知職務的任守忠這個人很奸邪，反覆無常，祕密探聽東西宮的情況，在皇帝和太后間離間。有一天韓琦出了一道空頭敕書，參政歐陽修已經簽了字，參政趙概感到很為難，不知怎麼辦才好，歐陽修說：「韓公一定有自己的說法。」韓琦坐在政事堂，用未經中書省而直接下達的敕書把任守忠傳來，讓他站在庭中，指責他說：「你的罪過應該判死刑，現在貶官為蘄州團練副使，由蘄州安置。」韓琦拿出了空頭敕書填寫上，派使臣當天就把任守忠押走了。

要是換上另外的愛耍弄權術的人，任守忠會輕易就範嗎？顯然不會，因為他也相信一貫誠實的韓琦的說法，不會懷疑其中有詐。這樣，韓琦輕易除去了蠹蟲，而仍然不失忠厚。

晉代人裴遐在東平將軍周馥的家裡做客。周馥做主人，裴遐和人下圍棋。周馥的司馬勸酒，裴遐正玩在興頭上，所以遞過來的酒沒有及時喝。司馬很生氣，以為輕慢了他，就順手拖了裴遐一下，結果把裴遐拖倒在地。在旁邊的人都嚇了一跳，以為這種難堪是難以忍受的。誰知裴遐慢慢爬起

來，坐到座位上，舉止不變，表情安詳，若無其事地繼續下棋。王衍後來問裴遐，當時為什麼表情沒有什麼改變，裴遐回答說：「僅僅是因為我當時糊塗了。」

另一個晉代人謝萬，字萬石，是謝安的弟弟。曾經和蔡係爭一個座位，蔡係把謝萬從位於上推了下去，把帽子和頭巾都弄得快要掉了。謝萬慢慢站起來，拍拍衣服，邊坐回座位上，邊說：「你差點弄傷我的臉。」蔡係說：「本來就沒有考慮到你的臉。」後來兩人都沒有把這件事掛在心上，當時人們都稱讚他們。

這些都是中國歷史上有名的裝糊塗的故事，受侮受損的一方都沒有為自己的難堪而大發其怒，記恨在心。相反，都表現出了寬宏大量，毫不計較的美德和風度。結果不僅沒有受到更多的傷害，反而得到了大家的敬重，也使傷人者感到無地自容。

大智若愚，從一個角度來說，也可理解為小事愚，大事明，對於個人來說是一種很高的修養。所謂愚，並非自我欺騙，或自我麻醉，而是有意糊塗。該糊塗的時候，就不要顧忌自己的面子、自己的學識、自己的地位、自己的權勢，一定要糊塗；而該聰明、清醒的時候，則一定要聰明。由聰明而轉糊塗，由糊塗而轉聰明，則必左右逢源，不為煩惱所擾，不為人事所累，這樣你也必會過得幸福、快樂。此必大智者所為。

用勇氣撞開厚厚的成功之門

只有那些自信、做事不退縮、勇敢而富有冒險精神的人，才能成就偉大的事業。

成功之門都是虛掩的，它總是留給那些有勇氣去強大自己的人。我們知道，不恐懼不等於有勇氣；勇氣使你儘管害怕，儘管痛苦，但還是繼續向前走。在這個世界上，只要你真實地付出，就會發現許多門都是虛掩的！微小的勇氣，能夠完成無限的成就。

勇敢是成功者必備的素養。只有那些自信、做事不退縮、勇敢而富有冒險精神的人，才能成就偉大的事業。

試想，那些成大器的人年輕時怎樣把握難得的機遇？他們毅然打破心理和環境的種種束縛，向不可預知的未來挑戰，一旦下定決心，就不留退路，最終獲得了自由的發展。支撐他們的力量就是勇氣。

富蘭克林在印刷所給他哥哥當學徒的時候，常常以化名向哥哥主辦的地方報紙《新英格蘭報》投稿。他知道，如果以真實姓名投稿，哥哥一定不會採納他的稿件，因為哥哥一向不喜歡他，瞧不起他。富蘭克林用偽裝的筆跡謄寫稿件，連夜把它塞進印刷所的大門。白天，他哥哥和一幫朋友在工廠裡看稿子，嘖嘖讚嘆，紛紛猜測作者是哪一位高人，富蘭克林在旁邊一邊工作，一邊偷著樂。真相大白後，大家對他

第六章　成功屬於樂於思考的人

刮目相看，他哥哥卻討厭他透了，有時甚至因為一些小事對他拳打腳踢。富蘭克林再也不想給哥哥當學徒了。

為了阻止他離開，哥哥走遍全城，向每一家印刷所的老闆打招呼：不要僱用富蘭克林。但他低估了弟弟的勇氣。富蘭克林變賣自己的書籍，一口氣跑到了費城，這年他17歲。像所有離家出走的少年那樣，他經歷了長途跋涉、勞累、飢餓、寒冷、人情冷暖、種種希望和挫折，最後找到了工作。

在費城，他給別人打了幾年工，憑藉一手出眾的技術成了工頭，但他不想這麼過一輩子。當他確信自己已經完全掌握印刷行業的奧祕時，就悄悄地向倫敦訂購設備，打算自己開業。老闆不知道他的心思，還以為他是個死心塌地的員工，以為他拚命幹活是為了賺高薪。隨著工人們的技術普遍提高，他的高薪開始讓老闆心疼了。老闆動不動就找藉口刁難他。有一次大街上喧鬧起來，富蘭克林忍不住把頭伸出窗口看了看，老闆就對他咆哮如雷。在這種情況下，富蘭克林提前向老闆宣布：他要離開這裡。

富蘭克林真的走了以後，老闆發現仍然沒有人可以替代他，就寫信向他道歉，請他回來上班。富蘭克林下定決心要自立門戶的，他的技術太嫻熟了，他非常自信地辭去那份工作，他一點也不害怕，但印刷機和鉛字還沒有從倫敦運來，於是他暫時回到了印刷所。過了幾個月，設備剛到，他就毫

不猶豫地辭了職。老闆原以為富蘭克林會到另一家印刷所去賺更高的薪水、給他的競爭對手幫忙，沒想到這小夥子在費城租了一間房，安裝了一套印刷設備自己開業了起來，而且漸漸成了他真正的競爭對手。富蘭克林的印刷業務，漸漸擴大到鄰近幾個州和西印度群島，他成了北美印刷出版行業的佼佼者。

在如今生存競爭激烈的社會裡，那些做事三心二意、缺乏勇氣、毫無決斷力的年輕人到處都會受到排擠。但凡嚮往成功的年輕人，不但要做到意志堅定，還要迅速把握機會，鼓起勇氣，立即行動。那些不相信自己、不敢把握機會的人，永無出頭之日。如果一個青年人生性膽怯、缺乏自信、遇事總猶豫不決、固步自封、沒有判斷力、毫無冒險精神，那他的一生一定會在死氣沉沉、毫無希望可言的日子裡度過。

這些不幸的人沒有意識到生活為什麼如此受到限制，沒有意識到是恐懼扼殺了自主性、減少了生活的歡樂、妨礙了前途。一種完善的生活往往意味著一個人擁有很大的自由，擁有一種擺脫障礙的自由感。

人人都希望發展，但很多人始終處於等待觀望中，不敢冒險、不敢做不確定的事情、不敢跳槽、不敢辭職、不敢投資……這樣很難得到發展的機會。

第六章　成功屬於樂於思考的人

　　劍橋教授總是這樣告誡學生：一個年輕人應該有決心和膽量去面對任何艱險危難的事情，還要有堅強的自信心，願意勇往直前。

勇者勇於行事，但從不魯莽行事

　　「不入虎穴，焉得虎子」，是創造機會的最佳寫照。在風險中方能取得事業的成功。

　　某公司財務部新來了一位主管，據說是個管理高手，專門被派來整頓業務。

　　那段時間，部門裡員工都變得極為勤奮和循規蹈矩。可是，日子一天天過去了，新主管卻毫無作為，每天無聲無息地走進辦公室後，便躲在裡面，極少出門。於是大家私下開始議論紛紛，都認為他比以前的主管更容易對付，根本不是個能人。

　　三個月過去了，正當大家又恢復老樣子不久之時，新主管卻發威了，他對整個部門來了一次大手術 —— 能者上、庸者下，下手之快，識人之準，簡直就像換了一個人。

　　聚餐時，新主管致辭，講了一個故事給大家我有一位朋友，買了一棟有大院子的房子，他一搬進去就對院子全面整頓，雜草雜樹一律剷除，改種自己新買的花卉。某一天原先的房主回訪，進門後大吃一驚，問他把那棵名貴的牡丹移植

128

到哪裡去了？我這位朋友這才知道他居然把牡丹當雜樹給
剷除了。後來他又買了一棟房子，雖然院子更加雜亂，他卻
按兵不動，果然冬天以為是雜樹的植物在春天裡開了繁花；
春天以為是野草的植物在夏天卻一片錦簇；半年都沒有動靜
的小樹，秋天居然紅了葉。直到暮秋，他才認清哪些是無用
的植物而大力剷除。這樣做使得所有珍貴的草木都得以保
存。」

　　喝了一口水，主管舉起杯接著說：「如果我們這個部門
是個花園，你們就是其間的珍木，珍木不可能一年到頭開花
結果，只有經過長期的觀察才認得出啊！」

　　不魯莽行事和勇於行事，兩者並不矛盾。

　　「不入虎穴，焉得虎子」是創造機會的最佳寫照。想創
造機會，卻不想冒風險，那是不可能的。勇於創造機會的人
清楚知道風險在所難免，但他們充滿自信，在風險中爭取事
業的成功。

　　什麼是風險？風險是由於形勢不明朗，導致失敗的機
會。冒風險是知道有失敗的可能，但堅持掌握一切有利因
素，去贏取成功。

　　風險有程度大小的區別。風險愈小，利益愈大，那是人
人渴望的處境。勇於創造機會的人會時刻留意這種有利的機
會，但他們寧願相信，風險愈大，機會愈大。勇於創造機會

的人不會貿然去冒風險，他會衡量風險與利益的關係，確信利益大於風險，成功機會大於失敗機會時，才去行事。勇於創造機會的人甘願冒險，但從不魯莽行事。

永遠做一個智勇雙全的成功者

勇氣可以產生智慧，智慧中包含著勇氣，以智慧為基礎的勇，以勇為前提的智，才是成功者所需要的。

一天深夜，卓別林帶了一筆巨款回家。在經過一段小路時，樹後突然閃出一個彪形大漢，拿著手槍逼他交出所有財物。

卓別林看著黑洞洞的槍口，裝做渾身發抖，戰戰兢兢地說：「我是有點錢，可全是老闆的，幫個小忙吧，在我帽子上打兩槍，我回去好交待。」

強盜沒有說話，但把他的帽子接了過去，「砰砰」打了兩槍。

卓別林又央求再朝他的褲腳打兩槍，「這樣不就更逼真了，主人就不會不相信了。」

強盜不耐煩地拉起褲腳打了幾槍。

卓別林又說：「請再將衣襟打幾個洞吧。」

強盜罵著：「你這個膽小鬼，他媽的……」

強盜扣著扳機，但不見槍響。

卓別林一看，知道子彈沒了，便飛也似的跑了。

勇氣有時可以催生智慧，當你遇到困境和磨難時，首先要有勇氣來面對，不要膽怯，有了勇氣才會有智慧。

法國作家大仲馬有一次和一位官運亨通的政客發生了爭執，決定用決鬥來解決問題。在中間人的安排下，他們決定抽籤，輸者必須向自己開槍。結果是大仲馬輸了。他手裡拿著槍，神情嚴肅地走進另一間房裡，隨手關上門。在場的同伴們不安地等待著那一聲槍響。可是，等了好一會，槍聲才響。對手和同伴急忙向房間裡跑。打開房門，只見大仲馬手拿著冒煙的槍，失望地對大家說：「先生們，最遺憾的事發生了 —— 我沒有打中。」

恪守諾言固然令人尊敬，但用生命做抵押做無謂的犧牲，別說是大仲馬，就是平常人也不會那麼魯莽。而大仲馬以最幽默的方式解決了這一問題，讓人覺得他是一名生活的智者。

如果你有了接受失敗的勇氣，再加上你的智慧，你就會擺脫困境，走向成功。勇氣可以產生智慧，智慧中包含著勇氣，以智慧為基礎的勇，以勇為前提的智，才是成功者所需要的。

第六章　成功屬於樂於思考的人

第七章
一個靠思考創造成功的人

第七章　一個靠思考創造成功的人

看清事實，才能使思考方法正確

成功＝正確的思考方法＋信念＋行動。

正確的思考方法是如此的重要，那麼，怎樣才能做到思考方法正確呢？

史蒂芬‧柯維說：「無數經驗告訴人們：思考方法正確的前提是看清事實。」

在法律程式的領域中，有一項被稱之為「證據法」的原則，這項法律的目的就是查明事實。任何法官，只要他能根據事實來作判決，他就可以把案子處理得對一切有關係的人都同樣公平；如果他故意迴避這項「證據法」，根據道聽途說的消息來作判決，他就可能冤枉無辜的人。

「證據法」根據它所使用的對象與環境，而有所不同。在缺乏你所知道的事實時，如果你能夠假設，在你眼前的證據中，只有那些既能增進你自己的利益，但又不會對任何人造成損害的證據，才是以事實為基礎的證據。你只要以這一部分的證據去判斷，就不會出錯。

但是目前的狀況是，有許多人錯誤地 —— 他自己可能知道，也可能不知道 —— 把事情的利害關係當作事實。他們願意做一件事，或是不願意做一件事，唯一的原因是能否滿足自己的利益，而未曾考慮到是否會妨礙到其他人的權益。

不管多麼令人感到遺憾，這仍然是事實。今天大多數人

的想法，是以利害關係為唯一的基礎。在事情對他們有利時，他們表現得很「誠實」，但當事情對他們似乎不利時，他們就會不誠實，還會為他們的不誠實找到無數的理由。

思考方法正確的人絕不會如此，他會制定一套事實標準來指引自己，並時時遵從這套事實標準，不管這套標準能否立即為他帶來利益，或是偶爾還會帶給他不利的情況。因為他知道，到最後，看清事實終將使他達到成功的最高峰，使他最後達到生命中的明確而主要的目標。

你最好在心理上做個準備，使自己了解，要想成為一個思想方法正確的人，必須具備頑強堅定的性格。

堅持事實，有時會受到某種力量的暫時性懲罰。但是，堅持事實獲得的補償性報酬，將會十分豐厚，因此，你會很樂意地接受這項懲罰。

在追求事實的過程中，經常需要借鑑他人的知識與經驗，用這種途徑收集事實之後，必須很小心地檢查它所提供的證據，以及提供證據的人。而當證據的性質影響到提供證據的證人的利益時，我們有理由更加詳細審查這些證據，因為，和他們所提出的證據有關係的證人，通常會向誘惑屈服，而對證據予以掩飾的事實，何時何地，只要他一發現，他就能一眼看出來。而且，他還會主動去尋找它們，一直到把它們找出來為止。

第七章　一個靠思考創造成功的人

一個人如果知道他是憑著事實工作，那麼，他在工作時將會產生自信心，這將使他不會躊躇或是等待。他事先就知道，他的努力將會帶來什麼結果。因此，他的工作效率比其他人高，成就也將勝過其他人；其他人則必須摸索前進，因為他們無法確定自己所從事的工作是否合乎事實。

重點思維：善於抓住主流和重心

在達成你的主要目標的過程中，你所能使用的所有事實都是重要而有密切關係的；你所不能使用的則是不重要及沒有重大關係的。是否善於做出這種區分，在機會與能力相差無幾的人中，所做出的成就卻大不一樣。

成功學理論和實證研究顯示，那些有大成就的人都已經培養出一種習慣，把影響到他們工作的重要事實全部綜合起來加以使用。這樣，他們就能比一般人工作得更為輕鬆愉快。由於他們已經懂得祕訣，知道如何從不重要的事實中抽出重要的事實，因此，他們等於為自己的槓桿找到了一個支點，只要用小指頭輕輕一撥，就能移動自己用整個身體的也無法移動的沉重工作份量。

一個人若能養成把其注意力轉移到重要事實上的思考習慣，並根據這些重要事實來建造他的成功殿堂，那他就已為自己獲得了一種強大的力量，可以比做是一下子可以擊出 10

噸力量的大鐵錘，而不是只有一磅力量的小鐵錘。

運用重點思維方法獲得巨大成功的例子，不勝枚舉，瑞典經營奇才卡爾森就是其中的一例。

卡爾森在學生時代就表現出出奇特的才能。他出身於公務員家庭，就讀於瑞典斯德哥爾摩經濟學院，在校期間，學校的各種社交聚會都由他張羅包辦。1968 年畢業後，他進入溫雷索爾旅遊公司從事市場調研工作。3 年以後，北歐航聯出資買下了這家公司。卡爾森在溫雷索爾旅遊公司先後擔任了市場調研部主管和公司部經理。由於卡爾森善於重點思維，能夠抓住公司經營中的癥結點並迅速解決，使這家中等規模的導遊機構於 1978 年就已發展成瑞典第一流的旅遊公司。

卡爾森的經營才華得到了北歐航聯的賞識，他們決定對卡爾森委以重任。航聯下屬的瑞典國內民航公司購置了一批噴氣式客機，由於載客量不足，無力償付訂購客機的錢。1978 年卡爾森調任該公司總經理，擔任新職的卡爾森，充分發揮了擅長重點思維的才能，上任不久，就抓住了公司經營中的問題的癥結：國內民航公司所訂的收費標準不合理，早晚高峰時間的票價和中午空閒時間的票價一樣。卡爾森將正午班機的票價削減一半以上，以吸引去瑞典湖區、山區的滑雪者和登山野營者。這樣一來，顧客們在機場外面紮起帳篷，等候空座。卡爾森主管下的第一年，國內民航公司即轉

第七章　一個靠思考創造成功的人

虧為盈，取得了相當豐厚的利潤。

　　卡爾森認為，如果停止使用那些大而無用的飛機，公司的客運量還會有進一步的增長。一般旅客都希望乘坐直達班機，但是那些龐大的「空中公共汽車」卻從中作梗。DC-9 客機由於座位較少，如果讓它們從斯堪的納維亞的城市直飛倫敦或巴黎，就能賺錢。但是原來的安排是，DC-9 客機一般到了哥本哈根客運中心就停飛，硬是要旅客去轉乘巨型「空中公共汽車」。卡爾森把這些「空中公共汽車」撤出航線，僅供包租之用，辟設了奧斯陸至巴黎的直達航線。

　　卡爾森抓住重點的最大舉措是「修舊如新」。

　　市場上的那些新型飛機，無法引起卡爾森的興趣，他說，就乘客的舒適程度而言，從 DC-3 客機問世之日起，客機在這方面並無多大的改進，他敦促客機製造廠改革機艙的布局，騰出地盤來加寬走道，使旅客可以隨身攜帶更多的小件行李。卡爾森不會沒想到，他手下的飛機已使用達 14 年之久，但是他聲稱，訣竅在於讓旅客覺得客機是新的。北歐航聯拿出 1,500 萬美元 (約為購買一架新 DC-9 客機所需要費用的 65%) 給客機整容翻新，更換內部設施，讓班機服務人員換上時髦新裝。靠那些煥然一新的 DC-9 客機，可以招來越來越多的商業旅客。

卡爾森把整個公司劃分為好多規模不等的「利潤中心」，規模大的涉及整個民航客運部門，規模小的僅限於斯德歌爾摩 —— 倫敦一條航線。眼下，主管這條航線的經理是個有職有權的獨立企業經營者，可以自由決定往返於兩大城市之間的班機的時間和航次。

卡爾森鼓勵經理們：如果能攬到一筆賺錢的好交易，跨出北歐航聯的圈子也行。譬如：歐洲民航營業部最近繞過公司總部，自行將幾架福克渦輪螺槳飛機租借了出去。技術部由於本公司任務不足，正四處包攬修理業務。部門層次重疊、統計報表泛濫成災的現象已經絕跡。總之，卡爾森發給全公司 16,000 名僱員每人一塊金錶。

卡爾森成功的經驗告訴我們，經營中抓重點，往往能掌握經濟的主流和重心，避免眉毛鬍子一把抓，從而贏得豐厚的利潤和經營上的成功。

想像力：發掘無限創意的魔方

史蒂芬·柯維告訴人們：「創造以想像為先導，沒有想像便很難產生創意。」想像是一種形象思維，它是以記憶的表象作基礎，對記憶形成新形象的心理過程。一般來講，可分為預見性想像力和邏輯性想像力。

第七章　一個靠思考創造成功的人

▎預見性想像力能使你看得見未來的財富

　　想像力在創富過程中的威力，已被無數實踐所證明。而在諸多的想像力中，預見性想像顯得尤為重要。

　　預見性想像對事業、生活成敗的影響是不言而喻的。一個錯誤的決策往往與其預見能力不足有關，而一個正確的預見則可以幫助你成功。曾一度令整個歐洲瘋狂的德國「電腦大王」海因斯·利多富，就是以其超前想像力先聲奪人而取勝的。

　　海因斯原在一家電腦公司裡當實習員，做一些業餘研究，卻一直不被採納，於是外出兜售。得到了萊茵 —— 威斯特發倫發電廠的賞識，預支了他 3 萬馬克，讓他在該廠的地下室研究兩臺供結帳用的電腦。不久，他獲得了成功，創造出了一種簡便、成本低廉的 820 型小型電腦。由於當時的電腦都是龐然大物，只有大企業才用得起。因此，這種小型電腦一問世，立即引起了轟動。他為什麼要研創這種微型電腦呢？他自己的回答是：「看到了電腦的普及化傾向，也因此看到了市場上的空隙，意識到微型電腦進入家庭的巨大潛力。」在其富於預見性和想像力的大腦中，他甚至「看到」每個工作臺上都有一臺電腦。可以說，正是這種預見性和想像力使他獲得了成功，並成為巨富。

　　想像力的預見作用的發揮，還有一套尚不被人們重視的運作法，即要求人們：

重視所能獲得的一切資訊，並正確的綜合分析和判斷，預見其價值。

及時證實這條資訊的可靠性，估量其對成功目標的影響程度。

當你確實注意到了這一徵兆，就應立即著手擬定應對方案，並開始實施。

也就是說，應善於透過大量資訊，及時、科學、準確地把握機遇到來的各種徵兆，並加以利用，以獲得成功。

菲力普·亞默爾對預見性想像力的善用，曾幫了他經營的美國亞默爾肉食品加工公司的大忙。

一天，菲力普為在當天報紙上偶然看到的一條新聞而興奮不已：墨西哥發現了類似瘟疫的病例。他馬上聯想到：如果墨西哥真的發生了瘟疫，則一定會傳染到與之相鄰的加利福尼亞州和德克薩斯州，而從這兩州又會傳染到整個美國。事實是，這兩州是美國肉食品供應的主要基地。如果真如此，肉食品一定會大幅度漲價。於是他當即派醫生去墨西哥考察證實，並立即集中全部資金購買了鄰近墨西哥的兩個州的牛肉和生豬，並及時運到東部。果然，瘟疫不久就傳到了美國西部的幾個州。美國政府下令禁止這幾個州的食品和牲畜外運，一時美國市場肉類奇缺，價格暴漲。菲力普在短短九個月內，淨賺了 900 萬美元。

第七章　一個靠思考創造成功的人

在成功事例中，菲力普先生運用的資訊，是偶然讀到的「一條新聞」；並運用了自身所具有的地理知識：美國與墨西哥相鄰的是加州和德州，此兩州為全美主要的肉食品供應基地。另外，依據常規，當瘟疫流行時，政府定會下令禁止食品外運，禁止外運的結果必然導致市場肉類奇缺，價格高漲。但是否禁止外運，決定於是否真的發生了瘟疫。因此，墨西哥是否發生瘟疫是肉類奇缺、價格高漲的前提。精明的菲力普立即派醫生去墨西哥，以證實那條新聞的可靠性，他確實這樣做了，才有 900 萬美元的利潤。

可見，預見性想像力，確實具有巨大的魔力。

史蒂芬·柯維認為：在想像訓練時，應首先訓練自己的預見性想像力。即透過科學的想像，對未來事件做正確預見的能力。

預見性想像的訓練法為：

在對目前市場狀況進行綜合分析的基礎上，預見到市場將要出現的某種變化。要知道，一切事物的靜止總是相對的，而變化是絕對的。

在預見到市場將要出現的變化時，更真切地在大腦中浮現某種場景，並同時看見自己正在做什麼。

在邁向成功過程的每一個階段，都應依據自己所掌握的資訊，結合市場狀況，構思到自己將要面臨的處境，在你的大腦中浮現出好的境況。

▍邏輯性想像力能使你洞察發財的機遇

史蒂芬‧柯維非常重視邏輯性想像力在創意活動中的重要性。

所謂邏輯性想像力，即借助邏輯上的變換，從已知推出未知，從現在推出將來。著名的詩句「冬天已經到了，春天還會遠嗎？」就是典型的邏輯想像。

邏輯想像的運用，在經營中不乏許多極富啟示性的實例。

漢斯是個德國農民，他因愛動腦筋，常常花費比別人更少的力氣，而獲得更大的收益，當地人都說他是個聰明人。到了馬鈴薯收穫季節，德國農民就進入了最繁忙的工作時期。他們不僅要把馬鈴薯從地裡收回來，而且還要把它運送到附近的城裡去賣。為了賣個好價錢，大家都要先把馬鈴薯按個頭分成大、中、小三類。這樣做，勞動量實在太大了，每人都只有早起摸黑工作，希望能快點把馬鈴薯運到城裡及早上市。漢斯一家與眾不同，他們根本不做分撿馬鈴薯的工作，而是直接把馬鈴薯裝進麻袋裡運走。漢斯一家「偷懶」的結果是：他家的馬鈴薯總是最早上市，因此每次他賺的錢自然比別家的多。

原來，漢斯每次向城裡送馬鈴薯時，沒有開車走一般人都經過的平坦公路，而是載著裝馬鈴薯的麻袋跑一條顛簸不

第七章　一個靠思考創造成功的人

平的山路。二英里路程下來，因車子的不斷顛簸，小的馬鈴薯就落到麻袋的最底部，而大的自然留在了上面。賣時仍然是大小能夠分開。由於節省了時間，漢斯的馬鈴薯上市最早，自然價錢就能賣得更理想了。

農民漢斯這種巧妙利用自然條件進行邏輯想像的方法，看起來並不驚天動地，但卻能開啟我們的大腦。如果你具有這樣的邏輯想像能力，就可以在自己的成功過程中做得更好了。

同樣是運用邏輯想像力，日本明治糕點公司卻更為巧妙。

某日，該公司在東京各大報紙同時刊出了一份「致歉聲明」，大意是說，因操作疏忽，最近一批巧克力豆中的碳酸鈣含量超出了規定標準，請購買者向銷貨點退貨，公司將統一收回處理，特表歉意云云。聲明刊出以後，人們對該公司認真負責的精神大加讚賞。其實，該公司早就預見到碳酸鈣多一點對人體並無多大的影響，不會有多少人為此區區小事專門跑去要求退貨，但這種興師動眾的宣傳，卻使明治公司聲名鵲起，給顧客留下良好印象。這實在是一種十分微妙的廣告策畫。從此以後，顧客更願意購買明治的商品了。

在市場營銷及廣告策畫中，巧妙地運用邏輯想像，不僅可以產生非凡的宣傳效果，拓展市場，有時還可以緩解營銷者與消費者之間的矛盾，提高自己的信譽。

由此，我們不難看到，想像力確實是創造財富的靈魂。

批判力：使你脫穎而出的利器

批判力就是尋找某些不完善、需要改變的東西，在此基礎上想像構思。史蒂芬·柯維指出：時代的變遷、社會的發展，往往會給原來本已完善的東西留出進一步完善的餘地，在這個空檔上，借用批判的想像，對選準項目、確定自身的市場優勢、開拓更大的市場，都能產生巨大的作用。

市場上摔不碎的瓷器的出現，便是借用「批判性想像力」的「產物」。在日常生活中，人們常常失手摔碎器具（當然包括瓷製品），更有不少人借助摔盤砸碗來發泄心中的怨氣。

法國一個瓷器製造商透過批判性想像，別出心裁生產了一批供人們摔砸的瓷壺、瓷杯、瓷碗。這種器皿樣式新穎、價格低廉，並在廣告上宣稱：「不必煩惱，無須壓抑怒氣！夫妻吵架，亂砸器皿是心情緩解的最有效方法……為了家庭和睦幸福，使勁摔吧！勸君莫吝惜！」這種借助批判想像產生的奇怪產品，加上獨特的廣告語，引起了不少人的興趣，從而使得生意興隆，財源滾滾。

批判力在實際運作中很有效用，它可以從綜合、移植、變形、重組等方面進行。

❖ 綜合：已成為現代技術發展的一種趨向。著名的松下電視的開發，就是在綜合了各國 400 多項技術的基礎上發

展起來的。綜合還可以提高產品的市場競爭力。如將普通電話改良為無線電話，從技術上看，是兩種發明——電話與收音機的合而為一，雖不是突破性的技術發展，卻可以更適應市場。從這裡我們不難發現「綜合」的魅力，即人們可以將老觀念或計劃、技術綜合成一種較新穎的「化合物」，而這一「化合物」便是成功的最初形象。

❖ **移植**：假如有別的東西與你所要製造的東西相像，或能用來改進你的東西，不妨借用。

❖ **變形**：使形狀、格式發生變化。如：收錄機的臥式與立式、電冰箱擱板、拉手位置變化等，都會給人不同一般的感覺，因而各自擁有相應的消費群。

❖ **重組**：重組的方式是多種多樣的，將從未結合過的物體的屬性、特性或部分結合在一起，如將坦克與船組合在一起，設計出水陸兩棲坦克；將鋼琴與風琴的特點組合在一起，設計出手風琴等。

史蒂芬・柯維指出：懷疑是批判力的主要內核，具有懷疑心態的人，往往能獲得創新的喜悅。

A 先生到公司已三年，他剛到公司時，有滿腔的服務熱誠，對公司的種種技術問題和管理問題都有些想法，並悄悄的下定決心，希望能把公司裡的各方面變得更加合理、科學、先

進。但是當他實際工作後，剛開始的那腔熱情已漸漸冷卻了。因為對只接受了學校那些紙上談兵理論的 A 先生來說，面對著偌大工廠的許多技術，他茫然得有如一年級的新生。

在他進到公司的這段期間，他也曾想過二三個改善的方案，但總是自己先洩了氣，覺得現在的一切都是經過前輩們努力而來的，當然是最適合公司的了。A 先生想：「在這裡有多少學識淵博且經驗豐富的前輩啊！我那些不成熟的構想怎比得上他們呢？」漸漸的，他開始覺得思考實在太麻煩了。

因此他開始過著下了班回家，吃過飯，洗過澡，看看雜誌，想想明天的工作便上床睡覺的單調生活。其實，他也厭惡無聊的日子，他也不是全然失去恆心與毅力，在其心中仍有一股高昂的鬥志，只是不得舒解，這種鬱悶使他感到非常痛苦。

終於有一天，一部西洋電影給了他重大的啟示。這部電影有個畫面是兩個女人輪流在體重機上量體重，原本體重機歸零時，指針是朝下，而人站上去後，指針便轉半圈，停在與眼睛差不多高度的地方；過去他一直以為當指針歸零時是朝上，而從未懷疑，今天才知道原來體重機歸零時，指針是朝下。這部電影給了他極大的啟示。

事情本來就是如此。你若環身四顧仔細觀察，必可發現

有許多事必須去改進，但因為你已經習慣了那些既有的事物與形式，所以往往視若無睹。這是因為以前總認為它對而未加以懷疑，再度分析才會發現其中有許多破綻需要改進，或許改進之後便有番新氣象也說不定呢！

　　從此 A 先生不再鬱悶也不再痛苦了，因為他已了解「懷疑為改善之母」的真正含義了。如果對任何問題我們不去深究為什麼，對業已形成陳規陋習的程式及操作方式一味地盲目信服，前行的步伐就將遲緩，甚至走進死胡同。

相信第六感覺，挖掘潛意識

　　潛意識，顧名思義，是指不明顯、不露在表面的大腦認知、思想等心智活動。

　　心理學家佛洛伊德曾用海上冰山來形容：浮在海平面可以看得見的一角，是意識。而隱藏在海平面以下，看不見的更廣大的冰山主體便是潛意識。那是一片神祕而奇特的天地。

　　潛意識就是我們「心」的大海。它彙集一切思想感受的涓涓細流，容納各種觀念心態。它是形成我們一切思維意識的泉源。

　　人從誕生起，潛意識便開始形成：父母的期望、教誨、家庭環境的影響、學校的教育，從小到大的閱歷，一切影

響過你的外部思想觀念、意識和你自己內心形成的觀念、意識、情感，包括正面積極的意識情感和負面消極的意識情感，通通都會在你的潛意識裡彙集、沉澱、儲存起來，形成一個人豐富的內心世界和靈魂。它是我們形成新的思想、心態、智慧取之不盡、用之不竭的素材和資訊泉源。

史蒂芬·柯維認為，在人生的道路上，誰更善於利用潛意識，誰就更能立於不敗之地。

許多人的成功，往往得益於「潛意識」剎那間的靈感之花的閃爍。

日本企業家小島一郎正是由於潛意識裡忽然冒出了一個「自來水經營理念」，因而使他的企業蒸蒸日上，一舉成名。

在一個炎熱的夏日，小島一郎在大阪天王寺附近的街上走著。那一帶人家的門前裝有共用的自來水。這時有一個拉貨車的人走過來，抽了一支煙後，就用嘴巴對著水龍頭津津有味地喝起水來。自來水並非不要錢的，由天然的河水經過水廠加工之後，才能成為飲用水，所以要付水費。現在這個人未徵得所有人的同意，便擅飲有價之物，卻沒有人阻止他。

小島一郎潛意識裡忽然湧出一個念頭，為什麼沒有人阻止這擅自飲水的人？但是假使要指責他，也只能指責他不規矩、不客氣吧。能不能對他說「取用他人之物要歸還」呢？

第七章　一個靠思考創造成功的人

自來水對於在炎日下拉貨車的人來說，是比什麼都好的飲料，應該是十分高價的東西。任意取用這高價的、需要付費的水，卻不能當他是小偷。只因為水固然是高貴的東西，而一旦處處可見，價值也就等於零了。

在人類的世界裡，不論是冰箱或衣料以及其他一切用品，無疑都像水一樣是必需品。如果這一切必需品都能大量生產，使其取用不盡，那麼它的價格都會相當低，世界上也就沒有貧窮了。

小島一郎突然明白自己的任務就是製造像自來水一樣多的電氣用具，這是他的生產使命。儘管實際上不容易辦得到，但他仍要盡力使物品的價格降低到最便宜的水準。

自來水經營理念來自於潛意識之中，它幫助小島一郎調整了經營策略，明確了制勝的方向，從而使他獲得了巨大的成功。

第八章
生活是由思想决定的

第八章　生活是由思想決定的

思路通向理想的目標

對於能否完成某件事，雖然缺乏經驗，但是能肯定地說「必能做到」，這便是可能思考。所謂可能思考，並不是由過去的經驗或自己的條件來決定，而是由自己目前腦子裡正在思考之事所發出來而作為衡量事物的標準。

世上有一些人不肯依照現成的道路或方法去進行，這種我行我素的態度屬於頑固之林，當過分執著於自己的看法，而放棄其他許多方法時，你就會吃虧。不肯模仿別人的方法，而朝著同一方向另闢途徑的人，是在浪費自己，這種作法其實是多餘的。

然而，如果在自己想前進的方向上還沒有找到途徑時，則需要另外開闢道路，這就是你的工作。

因此可能思考不受環境的影響，是善加利用環境，使自己去影響環境。假如沒有這種環境，就應該去創造環境，沒有途徑就應該去開闢道路；如果沒有這種勇氣和不惜付出代價之不屈不撓的精神，則可能思考就很難成立。

可能思考並不是只靠自己的力量去做。只要有優良的理念，且這種理念愈富於魅力，便能獲得愈多人的心。富於魅力並且有巨大影響力的人就會成功。

我們到底是為了什麼目標而活著呢？為什麼你需要別人的協助呢？為了達成自己的目的、自己的愛以及實現自己成

功的事實而活才是正確的。

　　但是單靠本身一己之力，到底能做多少事呢？即使你有再大的力量，也無法抓住自己的腰帶把自己舉起來，這是絕對做不到的事，但如果另有一個人把你舉起來，這卻是可以做到的。

　　因此當我們生活在世上時，首先要具有明確的願望及夢想，這種願望及夢想才是目標，你需要朝著這目標行動。由於行動可以得到其他人的協助，若有人肯協助，你就能達成夢想，獲得成功。

　　而別人為什麼會協助你去達成你的目標呢？

　　第一個理由是，這目標對多數人真正有所幫助，由於這理念真正有價值，因此為了達成這種目標就必須借重對方的力量。

　　一旦各種條件齊備無缺，只要你有行動的意願，則對你來說，沒有一件事是不可能的。如果有許多人的知識協助，則每件事都能完成。

　　如果要把不可能的事變成可能，則只有一種辦法，那就是行動，亦即只有愛能推動一個人行動，使不可能變為可能。

第八章　生活是由思想決定的

用思考發掘內心的寶藏

　　思考有助於將渴望轉變成為實際可以追求的事物。渴望有時是比較模糊不清的想法，但當你把渴望轉變成明確的思想時，渴望就變得較為清楚。而當你把它們轉成目標或計畫時，它們就更明確了。這是因為當你集中焦點在自己的渴望時，你會用你的思想把它變成具體的計畫，並努力去完成它們。因此，思考是幫助你走向未來的第一步。」

　　當你思考時，你應該問自己最主要的問題是：我想要的人生是何種面貌？然後盡可能完整地把那樣的人生想像出來。當你如此做時，你不必用眼睛去看，最好把眼睛閉起來思考。在你想像尚未存在但相信將會實現的事物時，稍微的視而不見對你是有幫助的。

　　該是你解去一直捆綁著你靈魂束縛的時候了。消除所有「但我從未……」的念頭；擦去所有「但它從來不曾發生過……」的念頭。不要讓腦中浮現任何「不可能」的想法。

　　另一方面，不要把「如何」和「什麼」混淆在一起。

　　舉例來說，假設你想要過簡單的生活。也許是悠遊於空氣清靜、景色優美的曠野中；或是你想要寫本書、拍些照片和旅遊。這些都是渴望，而這些渴望也許出自於你對生命、周圍環境和對成為作家或攝影家的基本信念所影響。

　　現在你如何想像這樣的生活？你看見自己住在哪裡了

嗎？你如何安排你的日子？我們這樣說好了，你想像自己住在一座山裡的某一處，想像你招待朋友與賓客瀏覽山中美麗的景緻、玩一趟滑雪之旅，或藉由旅遊空檔寫些小說。

你真的能看到自己在那種情境中的樣子嗎？你穿著什麼衣服？你的房子看起來怎麼樣？你有車子嗎？你開什麼樣的車？你有什麼樣或你需要什麼樣的汽車排檔？你如何和這個世界溝通？

我們有能力去思考自己真的實現了心中的渴望，並把渴望轉變成每一個計畫。

然而在我們思考時，必須非常的實際，並且清晰地描繪出來。對著渴望成功的追求，我們的思想將象圖畫一樣，畫出我們向目標邁進的每一個步伐，甚至，我們的思想還會找出一條通向目標的捷徑。這就是思考的力量。當然，透過思考，我們還會發現一些我們自身的潛力，發揮這些潛力，我們也許會取得更大的人生成功。

不過，透過思考，對所規劃的理想，還要提出以下問題，那就是：我願意承擔多少風險來實現它？為了實現目標，我願意放棄什麼？我願意承擔什麼樣的風險？我願意長期的付出嗎？

當人們開始對自己的人生做這些積極的、自我實現的、追求命運的改變時，他們必須放棄某些事物，或承擔某些風險。這些事物或風險指的可能是睡覺的時間、看電視的時

間、個人的休閒時間，或帳戶裡存款。

　　在實際生活中，勤於思考的人，總會比那些不善於思考的人在實現理想的過程少擔風險，少付出艱辛，也就是說，勤於思考會有意想不到的收穫，或在實踐中達到事半功倍的效果。因為，他們發掘了自己內心的寶藏。

思想不會被擊敗

　　有思想的人是不會被打敗的，即使你用千斤的重擔壓在他身上，也不會把他壓垮，為什麼？就因為他有思想，他會思想把重量轉移到別的物體上去。並且，他一旦有了自由的空間，還可以創造出許多意想不到的奇蹟來。

先有思想後有行動

　　應該說，任何行動都是在思想的基礎上產生的；然而，只有在深思熟慮之後產生的行動，才能結出真正的果實。

　　思想總是走在行動的前面，沒有思想便不會有行動的產生。就像我們在肚子餓時，想到美味佳餚一樣，此時，你一定會採取行動，想方設法買到你想吃的東西。

　　美國百萬富翁艾琳·福特在談到他們的經營歷程時，曾說道：「自己的命運要自己來開創，當你真正夢想要一件東

西時，就一定能弄到手。有了思想就必須馬上開始付諸行動，只要你想到要做什麼事，就一定要有無論怎樣都必須去完成的精神。」

如何將模糊微弱的「願望」轉變成清晰強烈的「欲望」是相當深奧的一種學問。

若當真能轉變成功，心中便會萌生一種力量驅使自己向前推進。

想獲得成功，最忌諱的就是沒有目標、終日無所事事。要知道，思想能控制行動，只要懂得控制自己的思想，你便可以創造出促使自己成就某事，獲得某事的欲望。

以下便是將「願望」轉變成「欲望」，使夢想成真的方法。

首先，將以後六個月內想做的事情或想要的事物全部列出。

如果你覺得不可能全部列出，可以把太籠統或自忖能力不可及的事項刪去。但基本上仍盡量保留每一項事物全數記在白紙之上。

寫完之後，你再仔細地從頭看過一遍，若發現有即使花上半年時間也不見得能完成的事項，便加以刪除。

原則上，留在表裡的事項皆須具備三個月到半年之間可以完成的條件。

第八章　生活是由思想決定的

　　需注意的是，列這張表時，心中必須先有明確的概念，深知自己所追求的究竟為何。

　　想清楚之後，列表時才能依照欲望強度大小決定各事項的順序。

　　而在這種決定順序的過程中，你便不難發現最適合自己的方向及所謂的「第一欲望」。

　　這種列表的方法，對於做決定來說，可以說是最實在的，也是最有效的方法。

　　第一欲望找出之後，應清楚地寫在一張明信片大小的紙上，然後把它貼在自己容易看見的地方，譬如：洗臉臺旁、床頭或桌子前方等。

　　每天在睡覺前或起床後，便面對它大聲念一遍。腦中有空閒的時間，也可用來思考這件事情，並想像自己成功時的情景。

　　如此繼續一段時間之後，相信你會愈來愈感覺到自己正在走向目標的途中。

　　但必須注意，這種方法一定需要一段時間後才會顯出它的成績。

　　如果只做個一二天，你不可能收到什麼效果的。此外，這種強化欲望強度的方法必須以積極的態度從事，否則就沒有意義，而且任何一絲消極的意念，皆有可能使你前功盡棄。

　　經過四五個星期之後，透過你的眼睛，卡片上的文字逐漸產生變化 —— 原本單純的夢想已經轉變成強烈的欲望，這便奠定了你邁向成功的第一步。

　　這種變化是什麼造成的呢？答案是，隨著時間夢想已經深入潛意識之中，而潛意識也採取了積極的反應，並與意識連接，使之製造出熾烈的欲望，進而策動自己下決心展開積極的行動。

　　斯太菲克在美國伊利諾伊州亨斯城退役軍人管理醫院療養。在那裡，他偶然發現思考的價值，經濟上他是破產了，但在他逐漸康復期間，他擁有大量時間。

　　他想到了一個主意。斯太菲克知道：許多洗衣店都把剛熨好的襯衣折疊在一塊硬紙板上，以保持襯衣的硬度，避免皺紋。他給洗衣店寫了幾封信。

　　獲悉這種襯衣紙板每千張要花費 4 美元。他的想法是：以每千張 1 美元的價格出售這些紙板；並在每張紙板上登上一則廣告，登廣告的人當然要付廣告費，這樣他就可從中得到一筆收入。

　　斯太菲克有了這個夢想，就設法去實現它。

　　出院後，他便投入了行動！

　　由於他在廣告領域中是個新手，他遇到了一些問題。

　　雖然別人說：「嘗試發現錯誤」，但我們說：「嘗試導

致成功」，斯太菲克最終取得了成功。

斯太菲克繼續保持他住院所養成的習慣：每天花一定時間從事學習、思考和計劃。

後來他決定提高他的服務效率，增加他的業務。他發現襯衣紙板一旦從襯衣上被撤除之後，就不會為洗衣店的顧客所保留。

於是，他給自己提出這樣一個問題：「怎樣才能使許多家庭保留這種登有廣告的襯衣紙板呢？」解決的方法展現於他的心中了。

他在襯衣紙板的一面，繼續印一則黑白或彩色廣告。在另一面，他增加了一些新的東西 —— 一個有趣的兒童遊戲，一個供主婦用的家用食譜，或者一個引人入勝的字跡。

有一次，一位男子抱怨他的一張洗衣店的清單突然莫名其妙地不見了。後來，他發現他的妻子把它連同一些襯衣都送到洗衣店去了，而這些襯衣他本來還可以再穿。他的妻子這樣做僅僅是為了多得一些斯太菲克的菜譜！但是斯太菲克並沒有就此停止不前。

他雄心勃勃，他要更進一步擴大業務。

他又向自己提出一個問題：「如何擴大？」他找到答案。

斯太菲克把他從各洗染店所收到的出售襯衣紙板的收入全部捐贈給了美國洗染學會。

該學會則以建議每個成員應該使自己以及他的同事購用斯太菲克的襯衣紙板作為回報。

這樣，斯太菲克就有了另一重要的發現：你給別人好的或稱心的東西愈多，你的收穫也就愈大。

精心安排的一段思考時間給斯太菲克帶來了可觀的財富。

他發現：劃出一段時間，專用於思考，對於成功地吸引財富是十分必要的。

正是在十分冷靜的情況下，我們才能想出最卓越的主意。

當你抽出一段時間從事思考時，不要以為你是在浪費時間。

思考是人類建設其他事物的基礎。

如果把你的時間的 1% 用於學習、思考與計劃，你達到目標的速度將會是驚人的。

你的一天有 1,440 分鐘，將這個時間的 1% —— 僅僅 14 分鐘用於學習、思考和計劃，並養成習慣，你就會驚奇地發現：無論任何時候，洗滌碗碟時、騎自行車時或洗澡時，你都可獲得建設性的主意。

第八章　生活是由思想決定的

辦事成功重在策劃

凡事不籌劃，就很難達到成功。從某種意義上說，一件事情的成功，首先就是策劃的成功。

策劃就是事先的籌謀計劃。不論做什麼事，如果沒有預先的籌謀計劃，訂出一個方案，然後一步步按方案去實施，那麼，肯定是不可能辦得好的。

古時候，有一個北方旅人想到南方的某地。

有一天，北方人準備齊車馬，收拾好行囊，然後便在一個風和日暖的日子驅車啟程，在馬蹄的踢躂聲中一路向北馳去。

路上，北方人遇到了一個熟人，這個熟人見到他，很驚奇地問道：「咦，你不是要到南方去嗎？怎麼現在卻往北走啊？」

北方人笑了笑說：「我有一匹好馬，還有充分的準備，我的馬夫技術又十分嫻熟，我什麼地方去不了呢？」

那個人聽後，看著地面上留下的車轍，善意地指給北方人說：「你看，你的車馬雖好，準備雖然充分，可是卻把方向弄錯了，這樣走只會越走離南方越遠啊！」

可是，任他怎麼說，北方人仍是固執己見。於是，在一陣打馬揚鞭的吆喝聲中，北方人隨同他的車馬終於與南方背道而馳越走越遠。

　　沒有預先策劃而莽撞辦事的人，就只能像上面這個故事中的人物一樣，其結果只能與自己的目的相反。古今歷史，凡是辦得好的事，辦得成功的事，無一不是在周密的策劃之後完成的。

　　美國百萬富翁羅杰和桃樂絲夫婦的發跡也起於一次偶然的策劃。

　　二次大戰前，羅杰是一名推銷經理，妻子是一名時裝模特兒。二次大戰時，羅杰徵召入伍，在服役中受傷，入海軍醫院療養了一陣子。

　　在療養期間，他從事皮革加工以打發時間。羅杰和桃樂絲，無論是哪一個，做夢都沒想到這件事竟然決定了他們往後的一生。

　　二次大戰結束，羅杰返鄉。恢復平民生活的某一天晚上，桃樂絲的一位朋友到他們家做客(此時他們住在紐約)。

　　茶餘飯後，大家閒談了一陣子之後，這位女士得意地向他們展示新買的手提包說道：「這玩意花了我 80 美金。」

　　羅杰聽完之後，便把那只皮包拿過來，翻來覆去地看了一遍之後說，「太貴了！這種貨色我用 15 美金可以幫助你做出來。」

　　第二天，為證明自己不是吹牛，羅杰馬上出門去買了一套工具和上等牛皮。

第八章　生活是由思想決定的

　　一回到家，便立刻跪在地上開始剪裁、縫製，沒多久，手提包就完成了。其手工之精緻，令桃樂絲看到之後愛不釋手！

　　羅杰看太太高興，自己也很高興，在高興之餘，他腦中突然電光一閃，想到既然自己具備技術方面的知識，又有推銷經驗，桃樂絲在時裝界又有許多熟人，自己何不朝皮革製造業發展呢！

　　於是他把自己的想法與桃樂絲商量，桃樂絲也覺得這是個好主意，因此二人聯手，決心展開行動。就這樣一個創業策劃形成了。

　　剛開始時，他們在自己只有三個房間的公寓中製造樣品（為拿去給買主看的），由桃樂絲設計，羅杰負責製作，二人工作得不亦樂乎！

　　但他們都知道還有一個最大的問題尚未解決 ── 那就是該如何獲得訂單，若無訂單，創意再好也是枉然。

　　羅杰將樣品夾在腋下，不辭勞苦地走遍紐約大商店，但由於他們年輕，名氣又不大，所以不斷遭到拒絕。

　　但羅杰並不氣餒，他總是替自己打氣，鼓勵自己繼續試別的機會。

　　終於，他遇見紐約著名商店「蘇克斯」的供應商。這位供應商一看到羅杰帶來的樣品便十分欣賞，他表示羅杰能做

多少，他都願意購買。

於是，從此以後羅杰他們小小的公寓房間裡每晚都燈火光明，他們夫妻倆為了應付訂單，日以繼夜，不斷地工作著，皮革與工具散的滿地都是，兩個孩子穿梭其間玩耍，此時，家庭已變成了工廠，那段日子他們的確過得十分艱辛，夫婦倆不但要維持家計，還要照顧兩個孩子，異常勞累。

直至今日，在他們當時居住寓所的地板上，仍然留著他們辛勤工作的痕跡。

兩三個月轉眼就過去了，他們所收到的訂單不斷。

羅杰租下車庫上的閣樓，然後和太太二人繼續在那裡努力工作。

後來，桃樂絲又設計出一種小孩用的沙包型手提袋，她的創意被送到「Look」這個全國性雜誌的編輯部。

某位編輯對她的創意非常感興趣，以此為主題寫了一篇專題報導，還附帶介紹了一下羅杰與桃樂絲的奮鬥史。

就是因為這篇刊登在全國雜誌上的文章，使他們一夜之間聲名大噪，產品在極短的時間便賣出 100 萬個。

此後，他們便踏上了平坦大道，紐約和洛杉磯都設有他們的工廠，所僱員工達 140 名，所製產品向全國主要商店交貨。

由於產品暢銷，羅杰與桃樂絲賺取人生中第一個 100 萬美金的那一年，都才 30 歲出頭。

第八章　生活是由思想決定的

　　就這樣，在海軍醫院療養期間所獲得的某種創意終於發展成一樁大事業，而他們二人的積極、智慧及高度耐力還會繼續使事業蓬勃發展下去。

　　我們從以上的例子中不難看出，策劃對於任何事情的成功所具有的重要性。所以，我們不論辦什麼事，都不能忽略預先的策劃。

成功的策劃需要創造性的思維

　　策劃，是在尋找一種契機，或者說是一次巧妙的結合。要想創造這種契機，沒有創造性的思維是不行的；而這種創造性的思維就是創意。

　　美國有一位青年，有一次他在海灘上散步時偶然被一塊美麗的鵝卵石絆了一下，於是他有了一個發想：如果把這些漂亮的鵝卵石變成商品多好？接著他就想到要在上面刻上「我愛你」、「愛情永恆」、「永遠想你」、「忍」、「你愛我嗎？」……等字樣，使它們變成一件件高檔工藝品。他照著這個創意進行下去，最後成了百萬富翁。

　　這是一種創意方法。把物質與文化連繫起來。有人將這種創意方法稱為超序聯想相關法。即打破所有物質和事物的界限，透過大腦的聯想，將這些看似風馬牛不相及的事物連繫起來，從而產生無窮的創意。類似的創意還有諸如可口可

樂廣告中，把可口可樂連在一起成為一列火車。這些都是將不相關的事物連繫起來，成為一種全新事物的創意方法。

對於現代企業，無論是廣告還是公關，無論是銷售還是訊息，無論是產品開發還是人才競爭，其實都需要用到策劃。策劃是一個產業，有人把它歸入第四產業，即知識經濟產業，足見策劃的重要性。

創意是策劃人應有的素養，要做一個策劃人，需要具備一定的素養。著名的策劃家在談到策劃人需要具備的素養時認為，策劃者應該具有以下的能力和素養：

❖ **主動性**：旺盛的求知慾和強烈的好奇心能驅使人積極進取。

❖ **存疑性**：對現成的事情不是盲從，而是大膽發問，勇於脫出一般觀點的窠臼。

❖ **洞察力**：富有直覺，對環境有敏銳的感受力，可以覺察到人們所未注意的情況和細節。

❖ **變通性**：思路通暢，善於舉一反三，聞一知十，觸類旁通。因此，能想出較多的點子，提出非同凡響的主張，做出不同尋常的成就。

❖ **獨立性**：較少依賴性，不肯輕附眾議。

❖ **獨創性**：有獨出心裁的見解、與眾不同的方法，勇於棄舊圖新，別開生面。

第八章　生活是由思想決定的

❖ **自信心**：深信自己所做的事情的價值，一往直前，直到實現自己的理想或預期目的。

❖ **堅持力**：創造的完成需要百折不撓、持久不懈的毅力和意志。抓住目標後鍥而不捨，不得結果絕不罷休。在百思不得其解、寢食不安時，堅持力的作用更加突出。

❖ **兼容並蓄**：能理解別人提出的創意，領會其創新的地方，並加以借鑑，激盪自己的頭腦，開發出更新、更實用的構想。

❖ **想像力**：思想中新的觀點、形象，來自合理的聯想、幻想，或來自偶然的機遇。想像力豐富的人聯想多、幻想奇，有利於揭開創造的序幕。

❖ **嚴密性**：在策劃時，由於「前無古人」，而且一旦涉及方方面面，牽一髮而動全身，各種關節都得一一打通。因此，創意還需要嚴格的邏輯分析，可行性論證，才能使靈感火花變成現實的財富。

第九章
以思維想像展開智慧的雙翼

第九章　以思維想像展開智慧的雙翼

喚醒想像力需要不斷思考

　　想像力是將人類所創造出來的一切「靈感」具體化，想像力需要不斷的思考。

　　不斷地思考使頭腦更敏捷，怠惰則令其萎縮。

　　就如同身體要有規律的運動才能保持強健一般，頭腦也需經常地鍛鍊。你的個人發展計畫中應包括頭腦的刺激與訓練。閱讀是培養想像力與觀察力的極佳途徑。你在閱讀的時候，在心中將文學轉化為想像，使你更易了解書中所傳達的觀念。讓自己成為一個貪婪的閱讀者，你可以看報紙、雜誌、教導自我改善的書籍、小說等，這些對於增進知識、培養觀察力及更有效地運用想像力都是很有幫助的。

　　一位在經營食品店生意的老闆，日常所賴以維生的就是販賣這些食品所得，生意十分清淡，日子過得單調而貧乏。他每天就是這樣坐在店內的椅子上，一邊聽著收音機，一邊等待稀稀落落的客人上門。

　　有一次，他偶然聽到了電臺廣播一段發人深省的話——任何人都具有超乎自己想像的能力，潛伏在我們的體內。這段話刺激了他呆滯的眼神，他若有所悟地思考後，環視一下自己的店，發現可以印證這句話之處多得是。於是，許多不同的想法，頓時浮現在他的腦中。目前的情況是：店內已經好幾個月不曾重新裝飾，灰塵也到處都是，櫥窗的玻璃更是

好久沒有擦拭了，擺設在裡面的物品都看不太清楚。

因此，他第一件要動手整理的便是這張長年使用的椅子，接著再將店內所有的陳列物品弄得乾淨整齊，紙箱罐盒全部排放得井然有序，貨架上當然也變得煥然一新。

店內門窗及櫥窗擦拭得閃閃發亮，陳列上吸引人的新商品。

他這項潛在的能力的發揮到底給他帶來多大改變呢？不小，若以營業額來計算，成長了近 6 倍之多。他的生意越做越興隆。

到底是什麼原因使他的面貌煥然一新？

唯一改變的是改變了這些曾經認為毫無辦法改變現狀的人的想像力，以及這些人的思考方式和思考習慣。

心靈就如同降落傘一般，只有打開了才會有作用。當你敞開心胸去評估一件事情的可行性時，客觀地分析資訊，並避免個人的喜好及偏見影響了判斷，你將可以清楚地見到被他人所忽略的事實。狹隘的眼光或想法會讓你錯失生命中許多絕佳的機會。

你若是發現自己不斷地背棄事實，或試圖扭曲事實來符合你的信念時，問問自己：「為什麼我這麼不願意接受這種情況？我夠理智嗎？或是我被情緒矇蔽了嗎？」因為說服自己去接受一個不當的決定將會是最嚴重的錯誤。愚弄了別人固然不好，但愚弄了自己，災禍將接踵而來。

第九章　以思維想像展開智慧的雙翼

開啟靈魂的工作站

　　某位銷售員從一位受人尊敬的前輩處得到一句良言 ——
「每個人都具有超出自己想像兩倍的能力。」當他聽取了這句
話時便迫不及待地想要印證。

　　他首先思考自己以往的工作狀況及態度，並且試著調查
每天平均的訪問次數，除以平均訂約的件數，就是顧客可能
訂立契約的機率。

　　結果發現一項重要的事實，那就是以前這位銷售員每次
有和大顧客訂約的機會時，總是因為畏縮怠惰而白白喪失良
機，甚至連訪問顧客的工作都不曾實行過。

　　從此這位銷售員不再專注於狹窄的利益，而決心鞏固遠
大的利益：

❖ 訪問可以訂立大契約的客戶；

❖ 增加一天的訪問次數；

❖ 努力爭取更多的訂單獲得率。

　　這位銷售員是否印證了兩倍能力的說法？是的，而且比
兩倍還要多，就在放大目標後的 5 個月，他獲得了較從前多
5 倍以上的訂單。

　　由於這個銷售員開啟了靈魂的工作站，運用了想像力的
巨大力量，因而取得了成功。

　　在你建立起任何有價值的事物之前，一定要在心中先創造出一個概念。你的思緒是不會囿於肉體的限制。在心靈工作站之中，你將以前所未有的角度來觀察事物，就如同愛因斯坦，想像到若是乘著光束穿越無限的時空，宇宙看起來將會是何種光景。之後他以數學計算來支持所謂的相對論。你可以利用想像的力量，發掘出困難問題的解決之道，發展出新的概念，並預見到你達到了為自己設下之目標。

　　你的事業將永遠不會比想像中所能創造的大。

　　要獲取偉大的成果，先得要設計遠大的計畫。你可以想像到的，你就可以創造。你若能構思出你認為你會喜歡的事業或工作，那麼在現實生活中就有可能將其建立起來。

　　不論什麼事情，你若想出比現行方式更佳的處理辦法，這就可能是一個極有價值的想法。

　　不管在何種行業，只要是能節省金錢、時間，並能有較佳的獲利或較佳的處理方式，就是最有價值的想法。即使只是改善了一點點，也算朝目標又邁進了一步。保持積極的態度，不斷尋找可能改進事情的機會。不過若你始終只注意可能造成的風險，而不是用不同方式去嘗試可能產生的發展潛力時，你就很難有創意的想法。當你在尋找更好、更快、更經濟的方法來完成工作或製造產品時，一方面要分析並降低風險，但更要評估其發展潛力。

第九章　以思維想像展開智慧的雙翼

用新觀點重新思考自己

所有的靈感或願望，可說皆借助想像力而變成具有形、影、重量之現實物。

有一位上班族，他每個月的收支都呈赤字，只有靠著年終獎金才能勉強維持平衡。他的太太每天牢騷不斷，使他覺得自己是一個毫無成就的人，故而總是悶悶不樂。有一次，他在一本書上，看到了一個深具啟發性的思想方式——任何事情，只要你下定決心去做，就一定會做成。就在他為這句深富啟發性的話左思右想之際，不知不覺間，已經變得能用新觀點來重新思考自己了。

他反問自己：「別人住得比我好，混得又不錯，他們是怎麼做到的呢？」

仔細思考後，他發現了兩個可以增加收入的方法：一是更加努力地工作，另一是抽空做些副業以增加收入。他最後決心兩方面同時做做看。

當他重新開始奮發努力地投入後，效果馬上呈現在眼前，他的付出得到了相當的回報。也得到了相當多的收入。

如此一來，以前每個月要為家庭赤字而焦頭爛額的這位上班族，終於有了固定金額的家庭儲蓄了。

自古以來，只要人類可想像到的東西，則必然可由人類創造出來。由於人類善於應用想像力之故，這50多年間，人

類所創造出的「奇蹟」較前人更為豐富和偉大。

　　人類的想像力，甚至可分析距地球幾百萬公里遠的太陽，計算其重量，測定其元素。由於想像力，使人類得以享受遠比音速更快的超音速旅行。此已為家喻戶曉之普通常識了。

　　對如此萬能的人類而言，唯一的極限是這個想像力至什麼程度為止，能否完全地加以開發利用？至今，人類開發的僅占其想像力的千萬分之一。我們人類終於發現，人類擁有極富想像力之優秀能力，並且才開始初步的利用。

　　假若不常發揮你的想像力，則該力量也將會日漸薄弱。如果真是如此的話，那麼不得不藉以多發揮其力，使其復活重生。即使因為久未使用而導致想像力機能減退的話，亦無須氣餒，因為想像力絕不會枯息而一蹶不振的。

　　姑且請你聚精會神去感覺，你的綜合性想像力已正在慢慢地復生著。因為，為讓你那無形的願望化為有形的財富，則首先無論如何都必須利用綜合性想像力。

　　因此，運用想像力，清楚明確地將計畫擬稿於紙上時，則創意將漸漸地化為有形之物而呈現出來。換言之，將創意有計劃性地擬成企劃書，乃是將思考化為金錢財富之第一步驟。

　　若你期盼在這萬紫千紅、變化無窮的世界裡功成事遂的話，請勿輕易以為我們不過是個「幻想家」罷了。學習先祖

第九章　以思維想像展開智慧的雙翼

們的拓荒精神，正因為拓荒者們的夢想，才能創造出今日偉大的物質文明。並且切勿忘記，正由於那股精神化為活力之泉源，而開發出今日我們之才能。怠慢怯懦的批評主義者，要創造新世界是絕不可能之事。

如果你認為現在你想做的事是正確的，並且堅信它定可實現的話，就無須左顧右盼，而要勇往直前，果敢地向理想挑戰，不必理會倘若失敗會怎麼樣的疑問。因為人們都不知一個事實，那便是任何一個失敗的背後，必定隱藏著具有價值性的成功之苗。

愛迪生為了圓發明電燈之夢，縱然慘遭「上萬次的失敗」，最後仍不放棄他的夢想。

所謂真實的幻想家，絕非是輕易中途放棄的「怯懦者」。

經營自己夢想的事業

有位女士在 40 歲生日時，決心要實現她小時候的夢想，那就是栽培溫室植物。她 3 歲時對園藝就很有興趣，只是後來的學生時代，以至銷售員時代，皆因無暇繼續這項興趣而中斷。

現在，她的存款已相當可觀，就決定在車庫旁闢建一個溫室。不久，溫室很快就置滿了花、草、灌木等植物。為解決擁擠的狀態，她以園藝會的方式推銷植物，並且發覺這比

原來的工作還快樂 10 倍，於是決定從此以植物的培養與銷售為生，開始經營她夢想的事業。

一個月後，她在偶然與同業聊天中，突然興起一個新構想，認為為結婚者提供所有服務的行業大有可為。

決定之後，他們馬上著手婚禮時的鮮花與食物的訂購、喜帖的印製、禮服的租借等等事宜的服務。經不斷地改進求新，使得他們的服務大受歡迎。

「我不但實現了童年的夢想，還滿足了創造欲與經濟欲，我相信再沒有比這更幸運的事了！」

只有先勇於遨遊夢想王國，才會有走入現實的王國的可能。

利用各種時刻 —— 排隊等電影的進場，上床後睡著前，削鉛筆的時候等等，做這件事。設想你自己積極地全神投注在一件吸引你，令你愉快或興奮的事情上，心中毫無遲疑。

設想你自己旅遊到一個只為了讓你快樂才設的地方。設想這趟旅行本身很令人愉快，而且是一個美好的開始，最終會帶你去體驗好玩的活動或平靜的休息。只要有心情，你可以隨時想像這個地方。這個地方可以次次不同，也可以保持不變。當你到達之後要做些什麼，誰陪你同行並與你一起玩，他們要與你共處多久，這些都由你自己決定。

一旦抵達目的地之後，就隨興做自己想做的事。如果你

認為遊玩就是躺在海灘上兩棵棕櫚樹之間的吊床上，邊讀自己最喜歡的雜誌，邊啜飲著清涼的熱帶飲料，那麼就依樣去想像。也許你覺得最好玩的就是在晴朗的星期天早晨，在公園裡的激烈追逐賽。如果是的話，就縱情於這樣想像。

設想自己是一個懂得玩的人，時時刻刻都能自取其樂。假想自己是地球上一個頑皮嬉鬧的生物，生活的目的只是尋找令自己心醉的一切，而這一切常使自己覺得活著真好，好得常想在屋頂或山巔上高聲大叫。回想孩提時期的暑假，當時你一天玩過一天，好像夏天永遠過不完似的。當你想像自己頑皮的臉活躍起來，並全心投入讓你不知今夕是何時的娛樂時，設法重拾童年的那種感覺。

當你想像自己置身於愉悅的環境或情況時，要放鬆自己的整個軀體，要深呼吸，要驅散一切「應該這樣或那樣」的念頭，還要讓自己覺得值得做這種想像，畢竟生命賦予我們這個機會，但卻常被忽略。

開發人的綜合性的想像力

綜合性的想像力，是以一種新的方法結合一些已經被認同的觀念、概念、計畫或事實，將它們運用到新的用途上。

綜合性想像力的一個最佳的例子，就是愛迪生發明燈泡的過程。他以別人已經證實的事實作為開始：一條金屬線接

觸電之後會發熱，最後還會發光，但問題卻在於強烈的熱度，很快就把金屬線給燒斷了，所以，光的壽命只有幾分鐘而已。

愛迪生在控制熱的過程中，曾經歷過一萬多次的嘗試，而他最後所發現的方法，也是以一項其他人都不曾察覺到的普遍事實作為根據，他發現炭是經過木頭燃燒、被土壤覆蓋，並在土壤中悶燒，直到木頭被燒焦後所得到的產物，由於土壤的覆蓋，致使流向火的氧氣量，只夠供其悶燒而不會燃燒。

當愛迪生想到這個事實之後，便立刻聯想到金屬絲加熱的念頭，他把金屬絲放在一個瓶子裡，並抽出大部分的空氣，他利用這種方法發明了第一個壽命長達 8 個半小時的燈泡。

愛迪生的創造力，所依賴的是好幾項重要的成功原則，他應用多付出一點點的習慣，因為他的付出並沒有立即回報。他訂定了明確目標，並且在無數次失敗 (這麼多次的失敗可能早已使一般人打退堂鼓了) 中，仍然對達到目標充滿了信心。

他的成功最後也用到智囊團的原則，他成立了一個由化學家和機械專家組成的工作小組，來尋找正確的金屬絲，以及金屬絲的厚度，確定燈泡內正確的空氣量，以及最佳的燈泡結構，以使他的這項發明能產生最大效用。

第九章　以思維想像展開智慧的雙翼

綜合性的想像力，並不以個人優點作為先決條件，愛迪生只受過 3 個月的正規教育，他曾經擔任過好幾年的報務員，而且幾乎做任何工作都遭受到被開除的命運。他很早就開始喪失聽覺，後來甚至幾乎完全失聰，但是他以明確目標，多付出一點點的習慣，以及堅定的信心改變了他的一生。

刺激人的創造性的想像力

創造性想像力是以潛意識作為它的基地，它是一種媒介，經由此媒介你會認識一些新的觀念，和最近學到的事實，你將明確目標印在潛意識上的所有努力，都會刺激你的創造性想像力。

沃爾伍茲是美國一家五金行的職員，他當時只想當一名稱職的員工而已。但是當他的老闆對堆積如山賣不出去的過時貨品產生抱怨時，沃爾伍茲的心中遂產生一個新的念頭。

「我可以賣掉這些東西」，他說。在他的老闆同意之下，他在店內擺了一張臺子，並且把那些賣不出去的東西都拿出來，然後在每樣東西上都標明 10 美分的售價，這些東西馬上銷售一空，他的老闆也盡可能地找一些能放在這張臺子上賣的東西，而這張臺子上的東西，也就成為這家商店銷售最好的商品。

　　沃爾伍茲有信心將他的新點子，應用在店內的所有商品上，但是他的老闆卻沒有這個信心，沃爾伍茲很快地就在全國建立起銷售連鎖店，並且為自己賺進了大筆財富。他的老闆曾經說過：「我拒絕他的建議時，所說的每一個字，使我失去賺到大約 100 萬的機會。」

　　沃爾伍茲當時致力於成為一位有價值員工的平凡目標，而他的想像力已隨時準備可行的點子，作為他的後盾。他當然為他的老闆多付出一點點，但是由於他的老闆不具備和他一樣的洞察力，致使其他投資者和沃爾伍茲結成智囊團，並從他的點子中獲利。

第九章　以思維想像展開智慧的雙翼

第十章
驅動思維想像力的雙輪

第十章　驅動思維想像力的雙輪

想像本身之中的自己

　　自從我們獲得生命呱呱落地的那一剎那開始，即公平地享有追求幸福、成功人生的權利。然而，事實上卻有許多人在無意識的狀態下，放棄了這份上蒼賜予的權利，使人惋惜不已，這種損失是難以彌補的。

　　更甚者，自己拚命將這份權利棄之不顧的也大有人在。當然，沒人打開始就期盼失敗，但是，因遭受某種挫折，而封閉通往成功道路的人卻不在少數。

　　須知成功並非是為少數人而存在的，而是毫無偏見地在所有的人面前，等待被接受。

　　根據憲法「在法律面前人人平等」的原則，在人為平等下，我們確實是得到經營最低文化生活的權利保障。

　　但是，一頭栽進現實的生活中，卻發現存在著極大的「差別」。富者與貧者、成功者與失敗者、名人與寒士……不勝枚舉。事實上常常可以看到，兩人同時進入一家公司服務，數十年後，一位已身為經營幹部、活躍一方，而另一位卻仍為小職員。是什麼原因造成兩者的不同呢？

　　「總而言之，居要位者較為優秀。」

　　「幹練上司待人有差別。」

　　「他擅長搞人際關係。」

　　「也許努力不夠，而且沒有機遇。」

「運氣不好的關係。」

藉口有如天上星斗，數之不盡。而多少是以本身際遇的順逆為說詞。

但是無論是宿命論者，或是他人的過失，而成為悲劇的主角，都可以說是一種認同自我嗎？相信在內心深處，尚有另一個自我正大聲地「否定」。因此，對正視自我絕對不能猶豫躊躇或是恐慌徘徊。一定要有勇氣喚醒另一個沉睡在本身之中的自己，他的潛力無限。

自己對尋求藉口應感到羞愧，並相信自我的潛力有無窮盡的可能性，一切從此開始。也就是邁步踏出無悔、豐富的人生的第一步。

想像自己變成怎樣的人

你想要成功的話，就要知道自己的實力。也就是要了解現在的自己和未來的自己。

以下是一則西班牙的寓言。

以前，有一個國王，他有一個兒子，患了佝僂症，這位王子將來要繼承王位，但是，這個國王卻為自己兒子的姿勢感到困擾。國王聘請了各地名醫為其子診治，也舉行各種祈禱儀式，可是一點效果也沒有，國王只好設法安慰王子。

因此，在王子生日的那一天，國王就對王子說：「我的

兒啊！祝你生日快樂，你想要得到什麼生日禮物呢？只要你說，我就會給你。我是一國之君，只要你喜歡的東西，我都可以給你辦到；但是，要月亮、太陽、星星等，我就沒有辦法了。」

王子說：「親愛的父王，我不想要其他的東西，我只希望一件事。」國王說：「你希望什麼呢？」王子回答說：「我只想要自己的銅像，請父王為我塑造銅像吧！」聽了王子這麼說之後，國王問：「除此之外，你還想要什麼嗎？」王子說：「不要，我最想要的就是我自己的銅像。」國王心裡想：真糟糕！孩子怎麼會提出這麼個要求呢？他那個大駝背怎麼辦？如果照那樣子打造銅像的話，不是更讓國人印象不好嗎？

這時候王子開口說：「親愛的父王，您別誤會了，我想要的是個很英俊瀟灑的銅像，而不是現在這副模樣的銅像。」

聽了這一番話後，國王更煩惱了，一國之主和普通人不一樣，君無戲言，一旦說出口的話，就一定要做到。因此，國王回答說：「好的。你當真想要那樣的銅像嗎？」王子說：「是的，我想要那樣的銅像。」

身為父親的國王就按自己的承諾，做了一尊銅像送給兒子。但是，從此以後，國王就再也沒有和王子見面。因為，

如果和王子見面，國王就會感到難過。而拿了這尊二十歲青年銅像的十三歲的王子，將銅像放在庭院中央，每天都看著這尊銅像，學習他的樣子，並且努力使自己的背部伸直。

就這樣過了七年，王子已經二十歲了，這國家的法律規定，王子二十歲以後就可以繼承王位。但是，在這七年之間，國王與王子兩人一直就沒有見面。

但是，這時候國王必須和王子見面了，於是國王來到王子住的地方。一到王子的住處，國王所看到的王子是和銅像完全一樣的，背部挺直的青年。

這雖然是一則寓言，但是，用它來思考、糾正自己的不佳之處卻也是很貼切的。

也就是說，自己的樣子，有佝僂著背的樣子，也有背部伸直後更挺拔的樣子。我們現在正視自己的面貌，以現在為起點，看著未來夢想的英挺姿態，並且一定要想辦法去達成更美好的目標才對。

想像自己是世界唯一的

在全世界幾十億人口中，只有「你」一個人。不是過去也非未來，或許在這個世界上有人長得和你很像，有的人和你很相近，不過，「你」這個人，現在存在的「你」，世上只有一個。

第十章　驅動思維想像力的雙輪

　　這種只有自己一個人的「獨特性」，就是你在思考自己時最簡單、最重要的事。特立獨行，你是這個地球上獨一無二的人。

　　以前，在倫敦的郵票市場上，曾經發生過這樣的事情。

　　有一天，聚集了很多喜歡收集郵票的人，當天進行世界上僅存的兩枚郵票中的一枚的交易。

　　但是，當時以意想不到的高價 —— 五十萬英鎊為定價，仍有人叫價購買，全場為之譁然。

　　接著，這位出高價的紳士向全場的人宣布：「各位，現在我買了這張郵票，它已經是屬於我的了。」他一面說一面從口袋裡掏出打火機，點火將這張郵票燒了。

　　大家都嚇了一大跳，認為這個人該不會是個瘋子吧？但是，郵票在眾人面前已經燒得精光了，卻是不爭的事實。

　　那位紳士又向大家說：「剛才我把價值五十萬英鎊的一張郵票燒成灰燼，但實際上，我還有另外一張郵票。」說完之後，他把另一張相同的郵票拿出來給大家看。並且說：「這張郵票現在是世界上獨一無二的了。」

　　獨一無二、無法代替的東西。它是獨特的、僅存的一張，全世界唯一的一張，是無法用金錢來計算的稀世珍品。

　　在這全世界七十億人口中，與眾不同、獨一無二，就是你自己本身，不是隔壁的某某人，也不是公司裡的某某主管。

人生只有一次，一個人只能有一次，這種無法複製的獨特性，是很重要的。

能支配「你」的只有你自己，這麼想並且循此去行動的話，你的人生就會大放異彩。

也許不會認為「全世界只有你沒有成功。」

或許不認為不能贏某人，就不是成功。

然而，你已經是個勝利者了，因為一生下來我們就已經是一個勝利者了。

幾億個精子中，只有一個能和卵子結合，最積極的精子和卵子結合之後，就產生了我們，打贏其他的精子，才來到這個世上。而且，在出生之前，還要經過層層的障礙險阻，如果不努力，沒有行動的話，是無法辦到的。

因此，人一生下來就是個勝利者，不容置疑。而且，也可以知道人生並不是偶然的，以「可能思考」而聞名的羅伯特·H·舒勒博士也說過：「成功沒有偶然。」

想像自己可以辦得到

相信自己是件很重要的事。

每一位成功的人，不管是誰，都有積極以及具有魅力的個性，承認這一點之後，請你回答下面的問題。

「成功的人是成功之後才有成功的態度呢？還是有了成

功的態度之後，這個人才成功的呢？」

正確的解答是，先有成功的態度和行動之後，才會成功。

也就是說，不管做什麼事，如果不相信會成功，就不會成功，相信成功才會成功，這是自信；要認為自己有能力取得成功，有信心取得成功。

那些認為自己沒有經驗就不會成功的人是很可憐的。

把別人的成功當作是自己的成功，這是很聰明的人。如果認為別人的成功可以借鑑的話，就積極地去做吧！

把別人的成功當作自己的成功，是相當聰明的做法。人們總想聽聽成功的經濟評論家的話，但是並不想聽只會談借錢的經濟評論家的話。為什麼呢？因為這種話並沒有什麼內涵，如果有內涵的話，毫無疑問的，大家都會採納的。

每天都相信我會、我會，反反覆覆地說這一句話，在鏡子前面說我會……，並且把它深烙於心。

每天都說我會、一定要做、絕對要做，可是，內心裡卻說「我沒準做不到」，那你就真的什麼事情都辦不好。在這裡所強調的就是「肯定」的重要性。

想像自己就是一座寶藏

哲學家說：「我們只有一種憂慮，就是深怕失去樂園；我們只有一個欲望，就是渴望得到它。」

佛說：人一生所做的行為無外乎苦和苦的終止，樂和樂的持續；除此，再沒有別的了！

大珠慧海千里迢迢，求見馬祖道一禪師。

馬祖道一問他：「你來這裡做什麼？」

大珠答道：「來求佛法。」

「我這裡什麼也沒有，哪有佛法可求？」馬祖道一說，「你自己有寶藏不顧，離家亂走做什麼？」

大珠既驚又惑，急忙問道：「什麼是我的寶藏呢？」

「現在問我的，就是你自己的寶藏。」馬祖道一進一步啟示說，「它一切具足，毫無欠缺，你可隨心所欲運用它，何必要向外尋求呢？」

這一番睿智之語，使大珠頓悟。

所謂的「寶藏」，就是指個人的「自性」。如果用成功學的觀點看，這個寶藏就是心態。

你掌握著自己的心態，因而你主宰著自己的命運。影響你的心態，不是上司，不是同事，不是父母，也不是失敗，而是你自己。外界事物的變化，別人的所思所行，都不是我們的責任。我們只為自己的反應負責，這就是我們的態度。

第十章　驅動思維想像力的雙輪

你怎麼想、怎麼反應，全憑你自己，無論積極還是消極。

自己的心態決定了自己的命運。

成功學大師拿破崙·希爾說：「積極的心態，就是心靈的健康和營養。這樣的心靈，能吸引財富、成功、快樂和身體的健康。消極的心態，卻是心靈的疾病和垃圾。這樣的心靈，不僅排斥財富、成功、快樂和健康，甚至會奪走生活中已有的一切。」

為什麼積極的心態，是健康與幸福的重要泉源？

醫學研究人員發現，人體會自行製造一種叫做腦內啡的天然體內鎮靜劑，由大腦分泌，在腦部和脊髓等特定的部位活動，能減輕痛感，過濾令人不快的刺激物，使人內心祥和安樂。

臨床研究還發現，憂鬱症患者都嚴重缺乏腦內啡。這項發現為人們了解沮喪與喜樂的根源，帶來了重大突破。心態積極、樂觀向上的人很可能體內都充滿了這種天然鎮靜劑。更重要的是，行為研究者已經發現，保持積極的心態和樂觀的想法，可以刺激人體製造腦內啡。

相反，消極的心態和頹廢的思想則耗盡了體內的腦內啡，導致人心情沮喪；由於心情沮喪，腦內啡的分泌量更加減少，於是消極的想法變得越來越嚴重，這就是「惡性循環」。

　　另外，國外的科學家還做過一個相關實驗。在演員身上貼附電極，插上動脈導管，然後要他們表演各種戲劇情節。當他們演出憤怒、沮喪和絕望的角色時，腦內啡的含量隨之降低，但當劇情要求他們表演喜樂、有信心和愛情時，腦內啡的含量驟升。

　　積極的心態能激發腦內啡，腦內啡又轉而激發樂觀和幸福的感覺，這些感覺反過來又增強了積極的心態，這樣，就形成了「良性循環」。

　　積極的心態能激發高昂的情緒，幫助我們忍受痛苦，克服抑鬱、恐懼，化緊張為精力充沛，並且凝聚堅忍不拔的力量。

第十章　驅動思維想像力的雙輪

第十一章
正確的思考之後必須採取行動

第十一章　正確的思考之後必須採取行動

成功源於踏踏實實的行動

　　成功不是一句空話，更不是什麼口號，而是實實在在的行動。沒有行動，成功只停留在幻想階段。成功源於踏踏實實的行動，這是不容置疑的真理。

　　人要有志，同時更重要的是要有為實現遠大志向的行動，因為只有行動，夢想才能成真。

　　著名作家海明威小的時候很愛空想，於是父親對他說了一個故事：

　　有一個人向一位思想家請教：「你成為一位偉大的思想家，成功的關鍵是什麼？」思想家告訴他：「多思想！」

　　這人聽了思想家的話，彷彿很有收穫。回家後躺在床上，望著天花板，一動不動地開始「多思多想」。

　　一個月後，這人的妻子跑來找思想家：「求您去看看我丈夫吧，他從您這裡回去後，就像中了魔一樣。」

　　思想家跟著到那人家中一看，只見那人已變得骨瘦如柴，他掙扎著爬起來問思想家：「我每天除了吃飯，一直在思考，你看我離偉大的思想家還有多遠？」

　　思想家問：「你整天只想不做，那你思考了些什麼呢？」

　　那人道：「想的東西太多，頭腦都快裝不下了。」

思想家道：「我看你除了腦袋上長滿了頭髮，收穫的全是垃圾！」

「垃圾？」

「只想不做的人只能生產思想垃圾。」思想家答道。

世界上，一切成功者都是實踐家，而沒有一個是空想家。那些愛空想的人，總是有滿腹經綸，他們是思想的巨人，卻是行動的侏儒。這樣的人，自己一無所獲，也不會創造任何價值。

在父親的教導下，海明威後來終其一生總是樂於實踐而非空談，並且在其不朽的作品中，塑造了無數推崇實踐而不尚空談的「踏實」形象。身為一個成功的作家，海明威有著自己的行動哲學。「沒有行動，我有時感覺十分痛苦，簡直痛不欲生。」海明威說。正因為如此，讀他的作品，人們會發現其中的主角們從來不說「我痛苦」、「我失望」之類的話。

海明威之所以能寫出流傳後世的名著，就在於他一生行萬里路，足跡踏遍了亞、非、歐、美各洲。他的文章的大部分背景都是他曾經去過的地方。在他實實在在的行動下，他取得了巨大的成功。

第十一章　正確的思考之後必須採取行動

千里之行，始於足下

千里之行始於足下，積沙可以成丘。任憑別人怎樣譏笑你那微小的進步，你都要重視它，充滿信心和欣喜。忽略所謂微小之處只會讓你掌握不住大的機遇。

在美國有這樣一個小故事：

一家著名的牙膏公司有一位小職員，每次他給客戶開票據、投寄信函乃至自己個人消費簽發支票、簽收郵件時，總在自己的簽名下方寫上公司的名字和「每支兩美元」的字樣。他因而被同事們戲稱為「每支兩美元先生」，真名反倒沒有人叫了。

公司的董事長知道這件事後，感到很奇怪：「居然有職員能從這麼小的事情入手努力宣揚公司的聲譽，我可要見見他。」於是邀請小職員一起共進午餐。他們談得很投機。不久之後，小職員得到了提拔，並一步步成為高級職員，後來董事長因為年老而卸任時，讓位於小職員做了他的繼承者。

小職員做的事情誰都可以做到，但只有他一個人去做了，而且堅定不移，樂此不疲。嘲笑他的人裡頭不乏才華、能力在他之上的，但他們不屑於去做。最終，成功的歸屬說明了問題。也許有人認為這純屬偶然，可是，又有誰敢說偶然之中不包含著必然呢？

　　小職員的故事讓人想起中國古代一個廣為人知的故事。

　　東漢時，有一少年名叫陳蕃，獨居一室而齷齪不堪。他父親的朋友薛勤責備他，問他為何不打掃乾淨來迎接賓客。他回答說：「大丈夫處世，當掃天下，安事一屋乎？」薛勤當即反駁道：「一屋不掃，何以掃天下？」

　　陳蕃不願意打掃自己的屋子，因為他認為那樣的小事不值得自己去做。胸懷大志，欲「掃天下」固然可貴，然而卻不一定要以不掃屋來作為「棄燕雀之小志，慕鴻鵠以高翔」的表現。

　　凡事總是由小至大，正所謂集腋成裘，必須按一定的步驟和程式去做。《詩經・大雅》的〈思齊〉篇中也有「刑於寡妻，至於兄弟，以御於家邦」之語，意思就是說先給自己的妻子做榜樣，推廣到兄弟，再進一步治理好一家一國。試想，一個不願掃屋的人，當他著手辦一件大事時，他必然會忽視它的初始環節和基礎步驟，因為這對於他來說也不過是掃屋之類。於是這事業便如同一座沒有打好地基的建築一樣，華而不實，連三四級地震也經不起，那可真是「岌岌乎殆哉」了。

第十一章　正確的思考之後必須採取行動

把目標轉化成具體的行動

　　制訂人生目標是為了達到目標，目標制訂好之後，就要付諸行動去實現它。如果不化目標為行動，那麼所制訂的目標就成了毫無意義的東西。

　　實際上，相對來說，制訂目標倒是容易的，難的是付諸行動。制訂目標可以坐下來用腦子去想，實現目標卻需要扎扎實實的行動，只有行動才能化目標為現實。

　　許多人都制訂了自己的人生目標，但是，相當多的人制訂了目標之後，便把目標束之高閣，沒有投入到實際行動中去，結果到頭來仍然是一事無成。

　　目標已經制訂好了，就不能有一絲一毫的猶豫，而要堅決地投入行動。觀望、徘徊或者畏縮都會使你延誤時間，以至使計畫化為泡影。

　　拿破崙‧希爾說：「不論做任何事情，都必須拚命地去做。如果要半途而廢，倒不如不做來得好。最重要的是把全部精力集中在自己的工作上。當你決定是否去做某一件事情時，要麼就一定有去做它的價值，要麼就是沒有去做的價值，答案不可能有中間解，所以一旦決定了去『做』之後，就要集中精力去做。例如，當你在閱讀《荷馬史詩》時，應將全部精力集中於作品上，一邊想著它所寫的是否正確，一邊學習其優美的措辭和詩句，絕對不可以將心神轉移到別的

作品上。」

　　制定目標或許還不算太難，可是要貫徹到底就不是一件容易的事了。相信很多人都有過這樣的經驗，剛定好目標時頗有磨刀霍霍的幹勁，可是過了三個星期後就沒勁了，更別提實現目標的自信 ── 早已蕩然無存。當你擬妥一項目標後，首要的步驟就是把它寫在紙上，這樣才能使目標具體化。

　　當你把目標寫下來之後，隨之最重要的一步就是立即讓自己動起來，向著把目標實現的方向拿出具體的行動，可別一拖再拖。此時你先別管要行動到什麼程度，最重要的是要動起來，打一個電話或擬出一份行動方案都是可行的，只要在接下去的十天內每天都有持續的行動。當你能這麼做時，這十天小小的行動必然會形成習慣，最終把你帶向成功。

　　例如：如果你的目標是一年之內學好爵士舞的話，那麼就「先讓手指頭動起來」，你不妨今天就去翻一翻電話簿找個訓練班，隨之便註冊入學，安排出學習的時間。

　　如果你的目標是一年之內買輛某品牌的汽車的話，那麼就請代理商寄給你一份有關某品牌汽車的各種資料，或者當天下午親自跑一趟去了解一番。這並不是要你馬上就買，只不過當你了解了價錢和性能之後，會更加強你要買的決心。

　　如果你的目標是在一年之內賺到八十萬元的話，那麼現在就立刻擬出必須採取的步驟。到底有哪個已經賺到這麼多

第十一章　正確的思考之後必須採取行動

錢的人可以提供給你建議？你是否得考慮自己該付出怎樣的努力才能夠得到如此豐厚的回報？你需要去尋找什麼樣的資源？

別忘了，每天你至少得體驗一下實現目標的成功感受，每六個月你得重新回顧先前所定下的目標，用以確定它們是否還「活生生」的。當你決心過積極奮發的生活後，相信你必然會有與以往不同的認知，很可能會將先前的目標作某些修改，那麼就好好動動腦增減一番。

萬事開頭難！要完成一件事情，人們總是覺得邁出第一步困難重重，總是下不了決心，於是便遲疑不決，猶豫不定，今天推明天，明天推後天，這樣推來推去便延誤了時間，也就推遲了成功之日的到來。

朝著你確定的目標持之以恆、鍥而不捨地做下去，這便是實現任何目標的唯一辦法，除此之外再沒有第二條路可走。

也許，當你開始行動的時候，你還不能看見你所追求的東西是什麼樣子，你的目標還是一團模糊的影子，這時你往往會感到困惑，感到目標的遙遠，感到跋涉的艱難。但是，只要你毫不停頓地做下去，堅持不懈地做下去，你就會發現目標在你的眼裡越來越清晰，最後終於以動人的姿態展現在你的眼前。

敢想敢做，成功的美夢才能成真

目標確定了，就大膽行動。向著目標，心無旁騖地前進，相信你一定會到達成功的彼岸。

做什麼事情，只停留在嘴上是不夠的，關鍵要落實在行動上。在行動前，很多人提心吊膽，猶豫不決。在這種情況下，首先你要問自己：我害怕什麼？為什麼我總是這樣猶豫不決，抓不住機會？

不要為自己找藉口了，諸如別人有關係、有錢，當然會成功；別人成功是因為抓住了機遇，而我沒有機遇，等等。

這些都是你維持現狀的理由，其實根本原因是你根本沒有什麼目標，沒有勇氣，你是膽小鬼，你根本不敢邁出成功的第一步，你只知道成功不會屬於你。

不要被重重阻力所嚇倒，要時刻都敢想敢做。

行動能使人走向成功，似乎人人都知道，但當人們面臨行動時，往往就會猶豫不決，畏縮不前。「語言的巨人，行動的矮子」，這樣的人不在少數。

有些人害怕行動是由於心態的原因，一行動就想到失敗。這種恐懼的心理會摧毀你的自信，關閉你的潛能，束縛你的手腳，使你遇事不敢輕舉妄動。

人對於改變，多多少少會有一種莫名的緊張和不安，即使是面臨代表進步的改變也會這樣，這就是害怕冒風險造成

第十一章　正確的思考之後必須採取行動

的。行動就意味著風險，因而就出現了左顧右盼、拖延觀望等。特別是當形勢嚴峻時，人們習慣的做法就是保全自己，不是考慮怎樣發揮自己的潛力，而是把注意力集中在怎樣才能減少自己的損失上。

有一種理論說人有自私的天性，原因是出於自我保護的本能，付出就意味著「失去」，而行動就意味著要付出。怕行動就是不願付出。

因此，行動可以說是一種心態。行動的障礙只有在行動中才能清除。

行動是醫治「行動恐懼症」的唯一良方。車爾尼雪夫斯基說：「實踐，是個偉大的揭發者，它暴露一切欺人與自欺的行為。」

先行動起來，在行動中去糾正、去調整，才是剷除心理障礙的最好的辦法。行動的障礙歸根到底還是心理障礙。

如果社交心理障礙多，就會怯懦。如果你害怕在人多的場合講話，一定要找機會去說，大聲說。想去找一個人的時候思慮太多，這時候最簡單也是最好的辦法就是不讓自己多想，現在做，立刻就做，打斷自己原有的那種思維邏輯和習慣，走出第一步，勇氣就產生了。

美國著名的高空走鋼索表演者瓦倫達在一次重大的表演中，不幸失足身亡。他的妻子在事後說：「我知道這一次一

定會出事，因為他上場前總是不停地說：『這次太重要了，不能失敗，絕不能失敗』；以前每次成功的表演，他只想著走鋼索這件事本身，而不去管這件事可能帶來的一切後果。」

後來，人們就把專心致志於事情本身而不去管這件事的意義，不患得患失的心態，叫做「瓦倫達心態」。

凡事先行動起來就容易達到「瓦倫達心態」。因為，一旦迅速進入行動狀態後，就來不及多想。逼上梁山，背水一戰，絕無退路，這樣反而容易成功。

劍橋大學某位教授指出：「無論做什麼事情，開始時，最為重要的是不要讓那些愛唱反調的人破壞了你的理想。」美國史丹福大學的一項研究顯示，人大腦裡的某一圖像會像實際情況那樣刺激人的神經系統。比如，當一個高爾夫球手擊球時一再告訴自己不要把球打進水裡時，他的大腦裡往往就會出現球掉進水裡的情景，而結果往往是球真的掉進水裡。這項研究從另一個方面證實了「瓦倫達心態」。

「先投入戰鬥，然後再見分曉。」拿破崙如是說。只有行動起來，才能掙脫輿論的枷鎖，因為「這個世界上愛唱反調的人真是太多了，他們隨時隨地都可能會列舉出千條理由，說你的理想不可能實現。你一定要堅定立場，相信自己的能力，努力實現自己的理想。」

第十一章　正確的思考之後必須採取行動

但丁在《神曲》中描述自己在其導師──古羅馬詩人維吉爾的引導下，遊歷了慘烈的九層地獄後來到煉獄，一個魂靈呼喊他，他便轉過身去觀望。這時導師維吉爾這樣告訴他：「為什麼你的精神分散？為什麼你的腳步放慢？人家的竊竊私語與你何關？走你的路，讓人們去說吧！要像一座高聳樹立的塔，絕不因暴風雨而傾斜。」

不去行動，就不會知道自己的智慧和能力；而採取了行動，你的潛能就會隨著行動發揮作用，幫助你由消極轉為積極，讓你在每天的行動中都享受到成就帶來的滿足。

劍橋大學的教授們總是鼓勵學生：只要認準了路，確立好人生的目標，就永不回頭，「走你自己的路，讓人們去說吧」。

播下目標的種子，從現在就去做

目標的樹立使我們明確方向，而行動計畫則告訴我們該怎麼做，做什麼才能到達我們想要去的地方。

山田是一位擁有出色業績的銷售員，他一直都希望能躋身於最高業績的行列中。三年後的一天，他想起了一句話：「如果讓願望更加明確，就會有實現的一天。」

於是，他當晚就開始設定自己希望的總業績，然後再逐漸增加，這裡提高 5%，那裡提高 10%，結果顧客卻增加了20%，甚至更高。

「我覺得，目標越是明確，就越感到自己對達到目標有股強烈的自信與決心。」山田說。他的計畫裡包括「我想得到的地位、我想得到的收入、我想具有的能力」，然後，他把所有的訪問都準備得充分完善，相關的業務知識加之多方面的努力累積，終於在第一年的年終使自己的業績創造了空前的紀錄，以後的年頭業績更佳。

山田自己做了一個結論：「以前，我不是不曾考慮過要擴展業績、提升自己的工作成就。但是因為我從來只是想想而已，不曾付諸行動，當然所有的願望都落空了。自從我明確設立了目標，以及為了切實實現目標而設定具體的數字和期限後，我才真正感覺到，強大的推動力正在鞭策我去達到它。」

大多數人的想法、思考幾乎都是模糊不清的，這時候你需要的是一支筆和一張紙，寫下你想要達到的具體的數字和日期，然後把它傳給你的大腦。此時，目標已由高不可攀的險峰變成切實可行的大道。

自己無法下定決心邁向目標，亦即自己無法掌握明確目標的人，是絕對不能成功的。

從今天起就播下目標的種子。有了目標，內心的力量才會找到方向。

漫無目標的飄蕩終歸會迷路，而你心中本來就有的無價

的金礦也終會因開採而逐漸歸於貧瘠。

　　如此多的人無法實現他們的理想，起因就在於他們從來沒有真正定下生活的目標。

　　明確的目標讓我們有所適從、有所安心。目標能指導我們的行動，否則我們在生活中就會像無頭蒼蠅一樣到處亂撞。當我們有了目標與方向，就有理由使自己不斷前進、不斷成長，開創新天地、發揮創造力。

　　當然，光有目標並不能使我們不斷朝前邁進，還要有行動計畫的配合才行。目標的樹立使我們明確方向，而行動計畫則告訴我們該怎麼做，做什麼才能到達我們想要去的地方。行動計畫將確定我們追求目標時所要投入的勞動。

　　史威濟非常喜歡打獵和釣魚，他最喜歡的生活是帶著釣魚竿和獵槍步行 50 里到森林裡，過幾天以後再回來，精疲力竭，滿身汙泥而快樂無比。

　　這類嗜好唯一不便的是，他是個保險推銷員，打獵釣魚太花時間。有一天，當他依依不捨地離開心愛的鱸魚湖，準備打道回府時突發異想：在這荒山野地裡會不會也有居民需要保險？那他不就可以在工作的同時又有戶外逍遙了嗎？結果他發現果真有這種人：他們是阿拉斯加鐵路公司的員工。他們散居在沿線五百里各段路軌的附近。他可不可以沿鐵路向這些鐵路工作人員、獵人和淘金者拉保險呢？

　　史威濟就在想到這個主意的當天開始積極計劃。他向一個旅行社打聽清楚以後，就開始整理行裝。他沒有停下來讓恐懼乘虛而入，也不左思右想找藉口，他只是搭上船，直接前往阿拉斯加的「西湖」。

　　史威濟沿著鐵路走了好幾趟，那裡的人都叫他「步行的史威濟」，他成為那些與世隔絕的家庭最歡迎的人。同時，他也代表了外面的世界。不但如此，他還學會理髮，替當地人免費服務。他還無師自通地學會了烹飪。由於那些單身漢吃厭了罐頭食品和醃肉之類，他的手藝當然使他變成了最受歡迎的貴客。而與此同時，他也正在做一件自然而然的事，正在做自己想做的事：徜徉於山野之間、打獵、釣魚，並且 —— 像他所說的「過史威濟的生活」。

　　在人壽保險行業裡，對於一年賣出 100 萬元以上的人設有光榮的特別頭銜，叫做「百萬圓桌」。在孟列·史威濟的故事中，最不平常而使人驚訝的是：在他把突發的一念付諸行動以後，在動身前往阿拉斯加的荒原以後，在沿線走過沒人願意前來的鐵路以後，他一年之內就做成了百萬元的生意，因而贏得「圓桌」上的一席地位。假使他在突發奇想時，對做此事有半點遲疑，這一切便不可能發生。

　　「現在就去做」可以影響你生活中的每一部分，它可以幫助你去做該做而不喜歡做的事；在遭遇令人厭煩的指責

第十一章　正確的思考之後必須採取行動

時，它可以教你不推脫延宕。但是它也能像幫助孟列・史威濟那樣，這一剎那一旦錯過，很可能永遠不會再來。

請你記牢這句話：「現在就去做！」

劍橋大學總是告訴學生：只有把目標和行動有機結合起來，才有可能成為一個成功之人。有時候，一個簡單的道理，卻足以給人意味深長的啟示。

錯是對的第一步，改是對的第二步

偉大的成功通常都是在無數次的痛苦失敗之後才得到的。

在漫長的人生道路上，期望自己事業成功，僅有在學校學到的知識是遠遠不夠的，你還必須具備社會生活的智慧。生活是最嚴厲的老師，與學校書本教育的方式完全不同。生活的教育方式是你得首先犯錯，然後從中吸取教訓。大多數人由於不知道從錯誤中悟出道理，所以只是一味地逃避錯誤。他們卻不知道，這種行為本身已鑄成大錯，還有一些人犯了錯誤卻沒能從中吸取教訓。這些都是為什麼有如此多的人總是循環往復地犯著自己以前曾經犯過的錯誤。

他們會一而再、再而三地犯錯，就是因為他們不知道如何從錯誤中吸取教訓。在學校，你可能會因為沒犯錯誤而被認為是聰明的學生；而在生活中，你的智慧恰恰是因為你犯過錯誤，並且能從中吸取教訓。如果一個人真正從所犯的錯

誤中吸取了教訓，那麼他的生活就會發生改變。他獲得的就不僅僅是經驗，而是智慧了。

劍橋大學認為：錯誤本身並不可怕，可怕的是錯得沒有價值。一個人雖然犯了點小錯誤，但如果他能總結失敗的教訓，知道自己為什麼失敗，並不再犯更大的甚至是致命的錯誤，則錯誤對他來說比成功的經驗還重要。

有人曾經根據能否有效利用錯誤的價值把人分為四類。第一類人不能從失敗中吸取教訓，總是犯相同的錯誤。這樣的人不可救藥。第二類人雖然能夠從錯誤中吸取教訓，不犯相同的錯誤，但由於不能從失敗中發現規律性的東西，所以總是犯不同的錯誤。這樣的人也難以救藥。第三類人能夠總結自身錯誤的教訓和規律，算得上是聰明人。但由於只能從自身的失敗中做總結，所以雖然不犯自身相同的錯誤，但總是犯別人犯過的錯誤。這類人比第二類人又高出一籌。第四類人既不犯自己犯過的錯誤，又不犯別人犯過的錯誤。凡是別人的經驗，也成為他的經驗；凡是別人的教訓，也成為他的教訓。只有第四類人才是最善於利用失敗價值的。

人在成功的時候，總是認為自己是高明的，而很少歸結為運氣；而出錯時，卻總是以運氣不佳為藉口，害怕承認錯誤、分析錯誤，以致故態復萌，再犯同樣的錯誤。殊不知，錯誤本身都有其可以借鑑的價值，而只有那些善於從失敗中總結經驗教訓，不怨天尤人的人才能避免重複犯錯。

第十一章　正確的思考之後必須採取行動

「一個人受騙兩次就該毀滅。」一個真正明智的人絕不應該重複犯同類的錯誤。貓狗被傷害了一次，下一次遇到同樣情況，就知道躲得遠遠的。貓狗尚能如此，人難道還不能做到嗎？

很多人總是一再做錯誤的決定，不管看多少書，學多少技巧，每次到了做決定的緊要關頭，就把該用的原則和技巧全都丟在腦後，而讓一股莫名的力量來幫自己做決定。當然，最後一定又會為這個決定後悔不已。

我們有時候會做一些明知故犯的事。

明知吃了太多蛋糕會肚子痛，我們還是照吃不誤，等到事後肚子痛得要命，才來罵自己。

明知在迷路時，向路人問路比較好，可是，我們就是不問，以至於讓自己在原地轉來轉去，直到太陽下山。

有的人一直有胃痛的毛病，醫生一再囑咐不能吃有刺激性的食物，而且要遠離菸酒，可他就是不聽，依然我行我素，到了後來胃潰爛得不成樣，才大喊大叫。

明知因自己的衝動行事已經吃了很多虧，可是事到臨頭，還是舊習不改，繼續往前衝……為什麼我們就不能吃一塹，長一智，避免再犯相同的錯誤呢？

那是因為在犯了錯誤之後，採取了下面的行動：

❖ **說謊或否認，掩飾自己的行為**：說謊的人總是說「我沒做那件事」，或者「不，不，不，那不是我做的」，或者「我不知道這是怎麼一回事」，還有「我發誓……」之類的話。還有一類人犯了錯誤後，習慣於說：「噢，這沒什麼大不了的，情況會好起來的，」「出錯了嗎？哪裡出錯了？」「不要著急，事情會如你所願的。」

❖ **指責別人，開脫自己的責任**：這類人犯錯後往往會說「這是你的錯，不是我的錯」，或者「如果我妻子花錢不大手大腳的話，我就不會落到如此的地步」，或者「如果沒有孩子拖累的話，我早就很富裕了」。他們也會說「顧客只是沒有注意到我的產品」，或者「我的員工對我不忠實」、「他們說得不清楚」，還有「這是老闆的錯」等。還有些人會說「因為我沒受過良好的教育，所以我的事業不如意」、「如果再給我點時間的話，我會做好的」，或者「人人都這樣，我為何不可……」

❖ **半途而廢**：半途而廢的人經常說的話是「我早就告訴過你那樣做不管用」、「這件事太難了，不值得我投入這麼多的精力，還是換個簡單一點的吧！」「瞧，我都做了些什麼啊？我不想自找麻煩了。」假如一個人說「我所得到的教訓就是再也不那樣做了」，那麼，這個人也許還沒有領悟到犯錯誤的重要性。如此多的人活在一個

貧窮的世界裡，是因為他們不斷地對自己說「我再也不那樣做了」，而不是說「我很慶幸自己犯了錯誤，因為我從這次經歷中受益不淺。」避免犯錯誤或浪費犯錯誤機會的人，不能算具備較高的智慧，在事業上的成就也會受到限制。

所以在犯了錯誤之後，絕對不要採取以上的行動。

成功學大師拿破崙·希爾指出：「往往當成功離我們還有一步之遙的時候，就到了我們最有可能犯錯誤的時候。」聰明者也難免生意經營失敗，蒙受損失。但是，對於所犯錯誤，他們並沒有因此而意志消沉。相反，他們變得更加樂觀、明智、勇敢和果斷，因為他們從中獲得了更多、更豐富的寶貴經驗。

劍橋大學某位教授常說：「任何人都難免犯錯誤，如果你不願從錯誤中學習，你便會千方百計地掩飾錯誤。如果你對自己負責任，就應勇於認錯。」

你可曾遭到嚴重挫敗？或為自己所犯的錯誤過分自責？你可曾勞而無獲？你這一生中可曾發生個人悲劇？你可曾因疾病或受傷而造成殘障？你有否因為希望破滅而心情沉重？有否冒險犯難，結果徹底失敗？

以上這些情形，都不應妨礙你達到最後目標。失敗正如冒險和勝利一般，是生命中必然具備的一部分。偉大的成功

通常都是在無數次的痛苦失敗之後才得到的。

　　所有成功者的一生可以證明，人生並不總是一帆風順的。沒有什麼人可以做到自始至終皆是勝利者。做點錯事是在所難免的，問題的關鍵就在於，這種錯誤會使你灰心喪氣，還是成為你到達勝利彼岸的橋梁。

電子書購買

國家圖書館出版品預行編目資料

想著想著，目標突然就實現了：權衡利弊 × 分析癥結點 × 批判性思考，別只煩惱今天吃什麼、明天穿什麼，你的腦袋應該想點更有用的！/ 王郁陽，竭寶峰著. -- 第一版. -- 臺北市：財經錢線文化事業有限公司, 2023.04
面；　公分
POD 版
ISBN 978-957-680-626-1(平裝)
1.CST: 成功法 2.CST: 人生哲學 3.CST: 思考
177.2　　112004393

想著想著，目標突然就實現了：權衡利弊 × 分析癥結點 × 批判性思考，別只煩惱今天吃什麼、明天穿什麼，你的腦袋應該想點更有用的！

臉書

作　　　者：王郁陽，竭寶峰
發 行 人：黃振庭
出 版 者：財經錢線文化事業有限公司
發 行 者：財經錢線文化事業有限公司
E - m a i l：sonbookservice@gmail.com
粉 絲 頁：https://www.facebook.com/sonbookss/
網　　　址：https://sonbook.net/
地　　　址：台北市中正區重慶南路一段六十一號八樓 815 室
Rm. 815, 8F., No.61, Sec. 1, Chongqing S. Rd., Zhongzheng Dist., Taipei City 100, Taiwan
電　　　話：(02) 2370-3310　　傳　　　真：(02) 2388-1990
印　　　刷：京峯彩色印刷有限公司（京峰數位）
律師顧問：廣華律師事務所 張珮琦律師

定　　　價：320 元
發行日期：2023 年 04 月第一版
◎本書以 POD 印製